市场营销与管理研究

杨菁倩 著

北京工业大学出版社

图书在版编目（CIP）数据

市场营销与管理研究 / 杨菁倩著． — 北京：北京工业大学出版社，2022.3
　　ISBN 978-7-5639-8294-3

Ⅰ．①市… Ⅱ．①杨… Ⅲ．①企业管理－市场营销学 Ⅳ．①F274

中国版本图书馆 CIP 数据核字（2022）第 048527 号

市场营销与管理研究
SHICHANG YINGXIAO YU GUANLI YANJIU

著　　　者：	杨菁倩
责任编辑：	张　娇
封面设计：	知更壹点
出版发行：	北京工业大学出版社
	（北京市朝阳区平乐园 100 号　邮编：100124）
	010-67391722（传真）　　bgdcbs@sina.com
经销单位：	全国各地新华书店
承印单位：	河北赛文印刷有限公司
开　　本：	710 毫米 ×1000 毫米　1/16
印　　张：	11.25
字　　数：	225 千字
版　　次：	2022 年 3 月第 1 版
印　　次：	2022 年 3 月第 1 次印刷
标准书号：	ISBN 978-7-5639-8294-3
定　　价：	72.00 元

版权所有　　翻印必究

（如发现印装质量问题，请寄本社发行部调换 010-67391106）

作者简介

杨菁倩,女,出生于1971年7月,南宁师范大学经济与管理学院教师,暨南大学会计学博士,中国台湾地区中央大学商学院企业管理博士,主要研究方向:市场营销与企业治理。近年来主要讲授"市场营销""企业战略""管理沟通"等课程,发表相关研究论文数十篇。

前　言

当前市场竞争更加激烈，已经是不争的事实，企业欲在市场营销环境中保持足够的竞争力，实现可持续发展，就一定要对市场营销管理引起足够的重视，对症下药，消除企业现存的管理弊病，以提高企业的经济效益。因此，企业在开展市场营销管理创新的过程中，应当针对消费者的心理活动变化来设计市场营销方案，使自身的市场营销管理工作更加具有针对性，从而推动企业进入良好的发展阶段。

全书共七章。第一章为绪论，主要阐述了市场营销、市场营销管理、市场营销观念的演变等内容；第二章为市场营销的环境，主要阐述了市场营销环境概述、市场营销的微观环境、市场营销的宏观环境、企业应对营销环境影响的策略等内容；第三章为市场营销调研与预测，主要阐述了市场营销信息系统、市场营销调研、市场营销预测等内容；第四章为市场及其购买行为，主要阐述了消费者市场及其购买行为、组织市场及其购买行为、服务市场及其购买行为等内容；第五章为目标市场营销战略，主要阐述了市场细分、目标市场选择、目标市场定位等内容；第六章为市场营销管理及其过程，主要阐述了市场营销的组织、市场营销的计划、市场营销的控制等内容；第七章为市场营销的发展趋势，主要阐述了服务营销、绿色营销、关系营销、整合营销、体验营销、善因营销、个性化营销等内容。

为了确保研究内容的丰富性和多样性，笔者在写作过程中参考了大量理论与研究文献，在此向涉及的专家学者们表示衷心的感谢。

最后，限于笔者水平，本书难免存在一些不足，在此，恳请同行专家和读者朋友批评指正！

目 录

第一章 绪论 ··· 1
第一节 市场营销 ·· 1
第二节 市场营销管理 ·· 3
第三节 市场营销观念的演变 ·· 9

第二章 市场营销的环境 ··· 13
第一节 市场营销环境概述 ·· 13
第二节 市场营销的微观环境 ·· 15
第三节 市场营销的宏观环境 ·· 20
第四节 企业应对营销环境影响的策略 ··· 24

第三章 市场营销调研与预测 ··· 34
第一节 市场营销信息系统 ·· 34
第二节 市场营销调研 ·· 42
第三节 市场营销预测 ·· 53

第四章 市场及其购买行为 ··· 65
第一节 消费者市场及其购买行为 ·· 65
第二节 组织市场及其购买行为 ··· 91
第三节 服务市场及其购买行为 ··· 93

第五章 目标市场营销战略 ··· 95
第一节 市场细分 ·· 95

第二节　目标市场选择 …………………………………………… 99
　　第三节　目标市场定位 …………………………………………… 101
第六章　市场营销管理及其过程 …………………………………… 112
　　第一节　市场营销的组织 ………………………………………… 112
　　第二节　市场营销的计划 ………………………………………… 121
　　第三节　市场营销的控制 ………………………………………… 123
第七章　市场营销的发展趋势 ……………………………………… 134
　　第一节　服务营销 ………………………………………………… 134
　　第二节　绿色营销 ………………………………………………… 141
　　第三节　关系营销 ………………………………………………… 147
　　第四节　整合营销 ………………………………………………… 153
　　第五节　体验营销 ………………………………………………… 158
　　第六节　善因营销 ………………………………………………… 162
　　第七节　个性化营销 ……………………………………………… 165

参考文献 ……………………………………………………………… 170

第一章 绪论

近一个世纪以来,市场营销经历了产生与不断发展和完善的过程,面对改革开放所带来的新的经济环境和社会条件,市场营销也有了新的发展,对新形势下的企业更好地直面竞争、发展提供了有利条件。本章分为市场营销、市场营销管理、市场营销观念的演变三部分。

第一节 市场营销

一、市场营销理论的发展历程

市场营销的核心是交换。在1985年美国市场营销协会(AMA)就将其定义为:"市场营销是关于商品和服务的构思、设计、定价、促销和分销的规划与实施的过程,目的是建立能满足个人和组织目标的交换。"

(一)市场营销理论发展的初期

我国在市场营销理论的发展初期,都是"摸着石头过河",通过不断实践,一步一个脚印地走出了我国市场营销理论的雏形。初期的市场营销理论为我国市场营销的后续发展指引了方向,奠定了一定的基础。

(二)市场营销理论发展的中期

我国市场营销理论发展到了中期,就取得了一些进步,与初期时的理论有了很大的不同。随着时代的不断发展,很多企业开始追求更加快速的发展。因此,怎样能够准确把握市场的发展方向以及找到最适合自己企业发展的营销理论成为企业发展中最关键的问题。与市场营销初期理论相比,中期的理论在发展上已经有了明显的进步,在提高了方案可靠性与可参考度的同时,还从侧面反映出我国营销市场的进步,这是一个非常好的现象。

（三）市场营销理论发展的黄金时期

我国的营销市场正在飞速发展和前进，各国企业之间的交流也在逐渐地增加。在这种时代背景下，我国的市场营销行业又对自身的发展有了新的追求。如今的营销行业在追求快速发展的同时，更想要得到更高的利润，所以继续创新优化市场营销的理论变得至关重要。

二、市场营销的主要影响因素

（一）营销观念

营销观念是市场营销的基础，也是影响营销策略的重要因素。由于我国市场营销方面的理论研究及发展起步相对较晚，因此营销观念较为落后，很多企业缺乏系统性的市场营销概念。相较国外市场而言，我国企业将更多的资源和注意力放在了产品研发和生产方面，缺乏对于市场营销的重视，导致企业市场竞争力相对较弱，严重影响了企业在现代化市场中的生存和发展。因此，加强市场营销观念的理论研究，更新传统营销观念是十分有必要的。

（二）营销策略

随着我国经济发展水平的不断提高，市场活跃度有了极大的提升，企业之间的竞争也愈发激烈，在市场环境千变万化的情况下，营销策略成了提高企业竞争力的重要抓手。科学合理且具有一定创新性的营销策略，能够进一步提升企业竞争力。但是，目前大多企业的营销策略有着极强的相似性，虽然在互联网、新媒体背景下，很多企业意识到了市场营销的重要性，但仍缺乏一定创新意识和创新能力，很多市场营销策略也都是从国外借鉴而来的，导致在实际应用过程中，与国内市场的契合度相对较低，因此，必须进一步加强对营销策略的创新研究。

（三）品牌意识

企业在实际的市场营销过程中，想要确保营销效果，提高自身市场占有率，就需要确保自身具备一定的市场响应效率，加强对于消费者的关注，并随着市场的变化，不断调整自身的营销方向。在新时期背景下，随着人们生活水平的提高，消费者的品牌意识正在逐渐增强，因此，企业也需要建立品牌意识，营造良好的企业口碑，树立企业品牌，以此提升自身在消费者心中的形象。

第二节 市场营销管理

一、市场营销管理的重要性

在市场营销活动日益多元化的时代背景下，企业大力加强市场营销管理工作具有十分重要的价值，不仅对企业市场营销活动具有很强的支撑作用，而且也能够促进市场营销体系建设，使其发挥更加积极的作用。因而，企业在开展市场营销活动的过程中，应当对市场营销管理的重要性有清醒的理解和认识，并采取切实有效的措施，大力推动市场营销管理改革和创新。

大力加强市场营销管理，对于进一步优化和完善企业市场营销体系至关重要。很多企业已经深刻认识到开展市场营销管理的重要作用，而且在组织实施的过程中也对市场营销管理进行了设计和安排，如建立了专门的组织机构、配备了专业化的市场营销管理团队，这些安排有力地促进了市场营销管理工作的深入开展，使企业市场营销方案的组织与实施得到了加强，而且还能够稳步向前推进；大力加强市场营销管理，还能够进一步优化和完善企业市场营销机制，促进市场营销活动的全面性、综合性和系统性建设，引导各个部门围绕市场营销出主意、想办法，进而可以形成市场营销活动的强大合力；大力加强市场营销管理，还能够促进企业可持续发展，如有的企业将市场营销管理上升到战略层面，制定了相对比较完善的市场营销管理规划，而且还在执行与控制市场营销计划、细分市场和选择目标市场、发现和评价市场机制等诸多方面进行科学设计和安排，有力地促进了市场营销管理工作的深入开展，为企业可持续发展创造了良好的条件。

总之，企业应当深刻认识到大力加强和改进市场营销管理工作的重要性，将市场营销管理工作纳入市场营销体系当中，运用科学的方法和措施，不断优化和完善市场营销管理工作模式，努力使市场营销管理发挥更加积极的作用。

二、市场营销管理的现状

（一）重视程度有所提升

作为市场营销活动社会化的产物，市场营销管理工作随着市场经济的快速发展而不断得到认识和认可，而且也有很多企业开始重视市场营销管理工作，将市场营销管理上升到战略层面，运用科学的方法和举措，推动市场营销管理工作向纵深开展。例如，有的企业将市场营销管理作为一条主线，融入市场营销活动的各个领域和各个环节，在发现市场、细分市场方面进行了科学设计，特别是一些中小企业通过消费者市场细分，构建了行为细分、心理细分、人口细分、地理细分的细分模式，对市场营销的作用十分显著。企业对市场营销管理重视程度的提升，也表现为个别企业在制定发展战略的过程中融入市场营销管理内容，更加重视市场营销活动的规划设计与组织控制，使市场营销的规范化水平不断提升，而且市场营销人才建设也得到了加强。

（二）管理体系不断完善

对于开展市场营销来说，健全和完善的市场营销管理至关重要。当前，一些企业已经认识到这一点，而且也对市场营销管理体系建设给予了高度重视，不断强化市场营销管理工作的全面性和系统性。例如，具有战略眼光和规范化管理意识的中小企业，建立了专门的市场营销部门，而且还大力加强市场营销管理人员的能力和素质建设，加强教育引导，强化激励约束。还有一些企业大力加强市场营销管理工作的综合性建设，特别是不断强化目标市场管理工作，通过市场营销、差异化市场营销、无差异化市场营销相结合的方式，找出了符合企业自身实际的目标市场建设体系。尽管一些企业在市场营销管理体系建设方面不断加大力度，但仍然有很多企业在这方面比较薄弱，此种现象也制约了市场营销管理的深入开展。

（三）运行机制得到加强

要想使市场营销管理取得更好的成效，还要在优化和完善市场营销管理机制方面加大力度，一些企业已经认识到这一点，特别是将市场营销管理机制建设纳入现代企业制度当中，形成了相对比较成熟的市场营销管理模式。例如，有的企业在开展市场营销管理的过程中，为了能够规范管理模式、强化管理水平，制定和完善了市场营销管理制度，同时还强化制度的执行力建设，使市场营销管理制度得到了有效落实，有力地支撑了企业市场营销工作的深入开展。还有一些企业制订了相对比较完善的市场营销管理计划，包括战略控制、效率控制、盈利能力控制、年度计划控制等，在组织实施的过程中，也对市场营销战略等进行了有针对性的优化与完善，找出符合自身实际的市场营销战略，形成了相对比较完善的战略管理机制，有力地促进了企业市场营销管理工作的开展。但也要看到，由于一些企业规模较小，尽管对市场营销管理的重视程度在不断加大，然而在组织实施方面仍然心有余而力不足。

三、市场营销管理存在的问题

（一）市场营销理念比较传统

对企业而言，其需要向大众推广自己的产品，使人们产生购买欲，这就是市场营销存在的意义。若只是一味地营销产品，不重视营销手段，极大可能将不利于企业的长期发展。相关研究表明，某些企业现在仍采用极为简单的营销模式，而忽视了产品的文化价值及理念。实际上，这种直接化的产品营销模式恰恰是市场营销的误区。当今社会，市场模式与以往存在很大差异，传统的营销模式已不能满足大部分企业的发展需要。由于营销理念及思想的刻板化，传统的营销模式将会对企业的市场营销管理产生巨大影响。要想实现良好的市场营销，企业需要对消费者的实际需求进行调查，而不能以自己的意愿为基础来决定产品的生产与销售。

（二）市场营销部门与其他部门脱节

在大多数企业中，市场营销部门都是不可或缺的，但并不具有重要作用。通常情况下，市场营销部门几乎不能直接接触到企业的发展方向和核心价值理念。久而久之，市场营销部门与其他部门将无法进行良好的交流与合作，最终达到被动脱节的状态。

如果营销手段的运用缺乏合理性，可能会使市场营销的核心观念与企业的最初目标形成偏差。随着社会的发展，大众逐渐形成了理性的价值理念与消费理念，将实际的生活需求作为购买标准，而不再跟风消费。因此，企业需要掌握社会民众的消费需求，了解其消费意愿，这样才能使市场营销管理达到应有的效果。

（三）对构建网络营销体系未加以重视

企业开展市场营销，不能只局限于线下，线上营销同样是一种重要手段。随着网络技术的进步与发展，互联网成为人们生活中必不可少的工具。通过网络平台进行的产品销售具有交易率高、便利等特点，所以网络交易兴起。然而，目前一些企业仍以线下营销手段为主，对互联网营销方式没有给予充分重视。这样一来，企业也就失去了线上营销的先机，同时实体店的消费者数量不断减少，最终导致资源严重流失。对于网络营销而言，企业必须保持正确的态度，既要注意建立科学的营销体系，又要注意维持线下与线上营销之间的平衡。若只关注网络营销，将会失去大量的线下资源，也不利于其发展。

（四）市场营销方式缺乏创新性

随着经济全球化的到来，市场发展及变化速度大大加快，产品类型也不断增加。如果企业的市场营销管理方式过于单一化，或是市场营销力度不够，将会使消费者丧失对产品的兴趣和购买欲，从而导致企业产品被市场淘汰。在市场竞争逐渐激烈的情况下，企业只有保持创新力，才能在同行业中占据优势地位，否则最终只能被市场淘汰。企业必须对产品的市场营销管理工作加以重视，对其加以创新，以此来促进企业进一步发展。

四、市场营销管理的优化策略

（一）创新营销理念

企业要想在激烈的国际竞争中取得优势地位，就需要对传统的经营模式加以发展革新，并建立先进的市场营销理念。企业不但要在合理的条件下达到利润的最大化，还要担当起社会责任。企业在产品营销过程中，要以环保的理念降低污染，让资源得以合理充分地使用，进而达到可持续发展。在美丽中国方针的指引下，企业应该有绿色制造及营销的责任意识，持续地发挥自身技术，降低污染物排放量，商品的制造包装等也要达到环境保护要求。企业的绿色理念也会促进消费者绿色价值观的建立。人们在物质富足以后，也要求精神生命的补充。企业可以注重产品的文化内容，强化品牌建设，形成企业的特点。比如，使用带有企业特点的标志、符号，来满足消费者的个性化需要。企业可以吸取国外的经验，打开自身的思路，建立独特的经营模式。

（二）创新营销手段

网络经济背景下，优化市场营销管理必须积极创新营销手段。顺应经济市场变化，适应当下消费者热衷的消费方式，及时调整企业的市场营销管理方式。与此同时，企业管理者应当积极转变营销理念，树立创新意识，从网络特征及消费者需求变化出发，整合并创新营销手段，推进软营销以及网络营销。在网络经济时代，企业市场营销以网络营销为主，并且网络营销具有双向互动性，因此企业应加强引导，让消费者参与到企业产品营销过程中，增强消费者的主动性与选择性，从而强化市场营销管理效果。

对企业市场营销管理来说，每一个环节都至关重要、不可分割。因此，必须完善产品营销流程，做好细节处理，从选品、商品上架、营销宣传、销售到售后服务等必须加以规范，构建正规、高效及新颖的市场营销模式；提前制定好产品营销策略，确定好营销渠道，有效避免营销失误，提升企业的市场营销管理效率，不断强化企业的市场营销管理。

除此之外，管理者必须根据企业营销及运行的实际情况，加强营销分析，及时发现营销问题并做好跟踪反馈，以保证创新营销手段的应用效果，将运营成本控制在合理范围内，以提升企业市场竞争力，有效扩大市场份额。

（三）丰富营销模式

要想优化企业市场营销管理，需要丰富产品营销模式，有效拓宽市场营销渠道。

首先，依据互联网特征及网络消费者的个性化购买需求，革新营销模式。借助网络营销平台及时给消费者传递相关信息，并运用有效的促销手段提升消费者的产品认可度及接受度。同时，企业必须遵循网络经济规律，利用网络经济优势加强营销宣传，丰富营销活动，以吸引消费者。

其次，在网络经济背景下，由于传统营销模式及传统营销制度的束缚，企业难以有效扩展市场营销模式。这种情况下，企业在实施营销管理的过程中需要立足于实际，加强市场营销管理规划，设定统一的产品营销目标。企业可通过分销渠道直接销售产品，也可委托信息服务商在网站上发布相关信息，以信息联系客户进行产品销售。企业营销人员还可借助网络工具，根据消费者的购买需求及购买意愿开展不同形式的促销活动，以快速占领市场。企业管理者应做好市场调查，牢牢把握市场运行情况及市场变化，不断丰富市场营销形式，加强线上营销与线下营销的联系，制定符合市场发展规律的产品营销方案，并推进实践性市场营销。企业管理者及市场营销工作人员需要深入分析产品销售情况、产品市场需求、客户群体，在此基础上实施市场营销管理，并进一步完善产品市场营销过程。

最后，丰富销售渠道，通过目标营销、分散营销、直接营销、虚拟营销、顾客导向营销、双向互动营销等，有效提高产品的市场占有率。值得注意的是，企业在实施网络营销的过程中，需要选择合适的销售代理，并完善物流运输、线上支付及售后服务，保证消费者能够轻松地网上购物、网上结算等，通过优化营销流程及丰富营销模式，从而提升企业的经济效益。

(四)强化交流合作

要想优化企业市场营销管理,企业间需要强化交流合作,在合作交流中实现优势互补,并深入挖掘自身发展潜力,有效提升企业市场营销水平;在提升自身竞争力的基础上,树立长远的战略发展目标,与相关企业进行紧密的沟通合作,及时弥补自身不足,紧紧抓住发展机遇;突出企业的竞争优势,不断激发企业员工的积极性及创造力,以丰富企业发展过程,提升企业发展活力;加强企业产品升级,有效控制企业产品生产、规范销售等,保证产品质量。对企业发展而言,强化市场营销,提升市场竞争力,必须保证产品质量。同时,完善产品售前、售后服务,为广大消费者提供优质全面的服务,以提升消费者的产品满意度,从而带动产品销量。再者,企业市场营销人员需做好待查统计工作,记录消费者的产品需求,在此基础上进行产品的设计生产,以带动产品销量。企业还应当根据不同消费者的个性化产品使用需求,加速产品升级以及完善产品营销服务,对于产品使用期限内所产生的问题进行有效的处理应对。此外,企业需要提升产品售前、售后服务效率,尊重消费者的需求,获取广大消费者的信任,以此优化产品市场营销管理。

(五)完善营销管理

营销管理工作中最关键的环节,是企业市场营销策划,合理的市场营销策划必须以消费者需求为出发点。企业市场营销策划的主要服务对象是消费者,而消费者的供需要求又是企业市场营销的主要方向,因此企业必须对计划做出合理全面的策划与设计,要坚持从市场入手,具体问题具体分析,并根据企业的长期发展任务与总体目标,进行有针对性的消费服务,才能达到企业效益的提高。

企业的市场营销策划要获得合理全面的实施,就需要顺应市场规律变化,严格地按照企业营销实际,组建良好的市场营销经理队伍,做好与市场营销队伍的合理分工,优化管理和集中运用各种资源。只有符合目标顾客的需求,企业才能取得良好的市场营销效益。当然,企业必须提高内部市场与营销组织实力,全面落实营销规划,积极建立市场营销团队,对各员工进行合理的培养与评价,才能保证企业市场营销目标的达成。

(六)加强对市场的分析调研

企业在营销过程中应把握市场目标客户群,把握目标顾客的消费需求,正确把握市场经济发展变化规律,并积极地对市场环境做出定位分析,以全面适应企业发展的内在要求，寻找市场发展的方向，结合企业自身实力进行有针对性的市场营销，才能促进企业经济效益的增长。企业在市场营销管理过程中，要积极地把握市场机遇，寻求新的市场需求。

（七）充分利用互联网平台

在网络经济时代，线上购买逐渐成为人们日常消费的重要方式，企业想要优化市场营销管理，需充分利用互联网平台，加强电子商务合作，打造消费者最喜爱的营销方式，以促进企业产品营销。比如，开设网店或是与电商企业进行合作，线上销售产品，以拓宽企业产品营销渠道。同时，合理利用电子商务平台直播间宣传企业产品，通过高效的线上营销宣传及线上销售强化企业市场营销，提升企业的经济效益。

第三节　市场营销观念的演变

一、市场营销观念的历史演变

物质决定意识，意识指导人们的行动。对于市场营销的观念认识，有助于我们更好地了解它。

（一）生产观念

生产观念（生产中心论）时期：这是一个处于"卖方市场"的时期，受到生产技术等方面影响，生产出来的产品往往都是供不应求的，并且产品的多元性也比较缺失，作为消费者只能购买市场上有的商品，进而这一时期的买卖双方实际上是一种不平等的市场地位关系。"以产定销"，即企业生产什么，消费者就只能买到什么。

（二）产品观念

产品观念（产品中心论）时期：随着生产技术的不断革新，生产者可以生产更多的商品，且商品的样式也朝着多样化的方向发展，所以生产者也越来越关注消费者的购买需求，即生产那些消费者更喜欢的商品。这种"以质取胜"的观念取代了过去"以量制胜"的生产思路。随着经济发展水平的不断提高，消费者对产品的要求也随之相应提高，已往对产品各方面要求的层次也随之不断提高，促使企业生产者必须生产出使得消费者满意的产品。"质量第一""口碑"已经成了那个时代的生动体现。

（三）销售观念

销售观念（销售中心论）时期（约20世纪20年代末至40年代末）：市场行为在一定程度上可以理解为带有一定盲目决定的行为，即供给与需求的盲目，越需求，就越要生产，所以导致了"生产过剩"。虽然这在一定程度上与大环境不景气相关，但也是综合因素导致的结果。虽然市场出现局部供大于求，企业间竞争加剧，产品销售问题突出等不良现象，但市场基本上还属卖方市场。由于出现了这样一种情况，企业为了生存与发展，必须想尽各种办法把自己的产品卖出去。已往积累的"好口碑"已经被各种眼花缭乱的广告所掩盖，这就导致了企业在广告、现场促销和价格战方面大下功夫。仅从消费者的角度来看，可以选择的商品越来越多，并且消费交易中的主动性也越来越明显。

（四）市场营销观念

市场营销观念（需求中心论）时期（约20世纪50年代至60年代）：这一时期强调的是"顾客就是上帝"的供求理念，它粗暴而简单地认为企业的一切活动都应以消费者为中心，满足消费者的需求是企业的责任，从消费者需求出发，组织企业的生产和销售。进而我们看到这一时期企业十分关注对买方市场的了解，衍生出市场调研等一些营销的准备手段。这一观念的转变，大大增强了市场的活力。在这一阶段，市场经济呈现出井喷式的发展，企业的角色也不断丰富和明确。

（五）社会营销观念

社会营销观念（社会中心论）时期（约20世纪70年代中后期）：追逐利润是资本家的天性。随着市场的成熟，在技术与需求稳定的情况下，资本家为了赚取更多的利润，绞尽脑汁，进行不正当的市场交易。这不但有损消费者的利益，对社会环境、自然环境也造成了许多不可逆转的破坏。

（六）大市场营销观念

大市场营销观念（政治中心论）时期：这是一个更加注重企业市场主动权理念的时期。这种理念的指导下，企业的营销策略除了产品、价格、渠道与促销外，还增加了政治力量和公共关系。企业不是简单地服从和适应环境，而是想方设法地改造环境。这一概念的基本思想是：在贸易保护主义情绪不断增长的情况下，从事国际营销。首要问题是如何进入市场，即依靠权力和公共关系，打破目标市场政府和特殊利益集团的壁垒。

（七）绿色营销观念

企业追名逐利的行为带来了环境的破坏，加之人们的环保意识不断增强，使得买卖双方都认识到保护环境的必要性，所以催生了绿色营销的理念，就是在生产、销售、使用等环节做到与环境相协调的营销理念。

二、市场营销观念的发展趋势

（一）重视人在市场营销中的作用

营销领域在未来发展，必须关注人在市场营销中的重要性。对企业而言，在市场营销环节中最关键的工作，就是建设一支技术过硬的营销团队。而营销团队建设的基石，就是要招聘并培养优质的市场营销人才。在当下，市场营销人才整体职业素养不高，并且多数员工认为一切都往"钱"上靠拢。在这个情况下，就需要市场营销人才具备强烈的社会责任心、较高的科学文化素质、积极向上的创业精神；同时具有相当的专业知识运用能力，能把科学技术和市场营销理论充分融合。

营销人才如何在企业发展中成为主旋律，关键取决于企业如何培训出一支具有极高水平的市场营销人员。在具有这样一批人员后，更主要的是将这些人有效地利用起来，进而建立一支具有过硬素质的营销队伍。在这个队伍当中，管理者不仅需要具有营销能力，更要具有一定的管理能力，且需要制订出比较科学和切实可行的营销计划。

（二）多种营销理念结合

观念革新将在市场中起先导作用，人们必须找到更符合自身的市场观点。现在，国内中小企业关注的主要是亲情市场、认知市场营销、绿色营销，还有世界营销。亲情市场是指中小企业以消费者为上帝，在市场中最大限度地满足消费者需求。认知市场营销是指智力投资将成为未来中小企业所争夺的最大优势，同时也将是知识经济时期最关键的优势。绿色营销是指人类将更加重视绿色生态环境，由于人类对绿色生态热情的增强，将促进对绿色生态需求的扩大，从而促进了绿色生态市场的蓬勃发展。世界营销是指由于市场经济的国际化，我国加入世界贸易组织，各地的企业和商品都纷纷迈出国门，在全球范围内寻求发展机遇，使得很多商品都变成全球商品。

（三）加强对产品的创新和开发

观念创新是远远不够的，更应该有切实的产品做支撑。产品的创新是永葆企业营销市场的关键。而市场消费者所能直观感觉到的正是产品的创新，使他们放心的也就是产品的创新。国内外的一些百年老字号企业之所以能够长期生存，除了质量上有所保证，同时也是因为产品不断创新迎合了市场消费者的需求。企业应该做好市场调研工作，在研究市场发展机遇和市场份额中获取消费者的满足程度和对商品的要求。

第二章 市场营销的环境

从企业战略的角度来看，对市场营销的宏观环境和微观环境的分析，可以帮助企业发现竞争中存在的机会和风险。在市场中，营销环境不是一成不变的，受到各种相关因素的影响，始终保持着动态变化。企业制定的发展战略、财务政策、营销策略等都离不开对环境的分析。本章分为市场营销环境概述、市场营销的微观环境、市场营销的宏观环境、企业应对营销环境影响的策略四个部分。

第一节 市场营销环境概述

一、市场营销环境的含义

市场营销环境是指与企业营销活动有潜在关系的所有外部力量和相关因素的集合，市场营销环境是影响企业生存和发展的各种外部条件。

市场营销环境包括内部环境和外部环境，即微观环境和宏观环境。企业的外部环境是客观存在的，不能随人的意愿而改变，对企业来说属于不可控因素，企业无力改变。但企业可以通过调整内部要素的优化组合来适应外部环境，并在动态中维持内部要素与外界环境的动态均衡，从而使公司持续地焕发出勃勃生机。企业主动适应外部环境，与外部环境保持动态平衡，不仅具有可能性，而且具有必要性，这是企业生存和发展的客观要求。

环境因素可以通过直接影响和间接影响两种途径来影响企业的营销活动。直接影响可以让公司立刻感觉到，而间接影响的效果要等上一段时间。所以，在进行市场营销环境分析时，既要考虑环境因素的直接影响，又要考虑环境因素的间接影响。企业的市场营销环境是非常复杂的，市场营销环境的变化速度远远超过企业内部因素变化的速度。企业的生存与发展越来越取决于其对外界环境的适应能力。为了在复杂多变的市场中抓住机遇，企业需要对市场营销环境进行仔细的分析。

二、市场营销环境的构成

（一）市场营销宏观环境

市场营销宏观环境是间接对企业的市场营销产生影响的环境，因此我们所说的市场营销宏观环境包括人口、社会经济、政治、法律、科学技术、文化等多种因素。这些因素的作用范围很广，在宏观层面上对公司的营销行为有很大的影响。这些因素可以衍生出许多次要环境因素，它们彼此制约，互相影响，构成极其复杂的因果关系。

（二）市场营销微观环境

市场营销微观环境，也就是所谓的直接对企业市场营销产生影响的环境，是指由供应商、营销中介、竞争者、顾客、公众等因素构成的企业微观营销环境。微观营销环境体现了宏观营销环境要素在特定区域内的综合效应，它直接影响着企业目前和未来的业务。

市场营销宏观环境和市场营销微观环境的问题并非并列关系，而是主从关系。微观的市场营销环境是由宏观的市场营销环境所决定的，宏观的市场营销环境通常通过微观的市场营销环境来影响和制约企业的营销活动，有时甚至会对企业的营销产生直接的影响。

三、市场营销环境的特点

营销环境是一个复杂的、多层次的、多因素的复合体。大体上，市场营销环境有下列特点。

（一）客观性

作为市场营销的外部要素，营销环境对市场营销行为的影响是一种强制性的、非控制性的。一般而言，市场营销部门不能脱离市场并对市场环境进行有效的调控，尤其是在宏观环境下，企业很难按照自己的需求和意志去改变市场。比如，公司无法改变人口、政治、法律、社会、文化等因素。但是，企业能够根据环境的变化和需求，不断地制定和调整营销战略。有些公司在适应新的情况下能够存活并发展，而另一些则不可避免地会因为环境的改变而被淘汰。

（二）差异性

企业所处的市场环境差异会对不同的企业产生不同的影响，同时，同一环境因素的改变也会对不同的企业产生不同的影响。比如，中国加入WTO，就意味着大部分中国公司都会在国际市场上展开"国际竞争"。企业要针对环境变化和产业特点，制定相应的市场营销策略。

（三）多变性

企业的市场营销环境是由多种因素共同作用的，这些影响因素都是随着社会经济、科学技术等环境因素的发展而变化的，因此，与之密切相关的营销策略需要企业进行相应的调整。

（四）相关性

市场营销环境不是由单一的因素所决定的，营销环境受到一系列的相关因素影响，这些影响因素是相互依存、相互作用和相互制约的。比如，价格不仅受市场供需的影响，也受科学技术发展和税收政策的影响。

第二节　市场营销的微观环境

市场营销的微观环境主要由企业内部环境、供应商、营销中介、顾客、竞争者、公众等组成。

一、企业内部环境

不同的企业内部环境是不一样的，在同样的外部环境下，其营销活动的结果也是不一样的，企业的内部环境包含了公司的组织架构与文化。

公司的组织架构由决策层、管理层和执行层构成，并由供应、研发、生产、营销、财务、人力资源等部门构成。决策层是企业的最高领导层，负责制定企业的任务、目标、战略和政策。市场经理必须在高级经理的授权下做出各种市场决定，并经上级主管同意。供应、研发、生产、营销、财务、人力资源，这些企业的部门都是互相关联的，在企业中能否协同合作，是决定公司成功与否的重要因素。

近年来，企业文化越来越被人们所关注。企业文化是企业员工的基本价值观，是企业员工普遍遵循的价值观、认知和行为准则，包括企业信念、企业价值观、企业形象、企业精神、员工行为准则和职业道德规范。企业文化对于激发员工的积极性，发挥员工的创造力，增强企业的凝聚力起到了很好的促进作用。良好的企业文化能激励员工努力工作，提高业绩。另外，企业的优秀文化也是企业对外宣传的一种表现。要营造良好的企业文化氛围，就必须制定和执行相应的人事、激励、组织等相关的规章制度,并通过组织各类活动来吸引所有的员工参与进来,让他们更好地理解公司的宗旨,从而提高他们的主人翁意识。

二、供应商

供应商是影响企业经营行为的一个关键因素。供应商提供的是企业和它的竞争对手所需要的原材料、设备、能源、劳动力、资金等资源。没有了这些资源的支持,公司就不能正常运作。供应商在市场营销中的作用主要体现在以下三个方面。

①所供给的原料的数量与品质将对企业所生产的产品的数量与品质产生直接的影响。

②原料供给价格对产品成本、利润和价格有直接的影响。

③及时、稳定的供货是企业成功开展市场营销的先决条件。

鉴于以上供应商在企业市场营销中的重要作用,企业在物色自己的供应商时,要注意以下两条:

第一,为企业供应原材料的供应商必须有良好的信用,保证供应商所提供的货源物美价廉,能够在企业规定的时间内及时交货,重要的是保证原材料的质量。第二,要选择合适的供货商。如果一个公司过于依赖一个或几个供应商,那么它很有可能会被供给改变所影响,并遭受冲击。因此,在采购过程中,企业应尽可能地选择合适的供货商,并尽可能地避免依赖于某一种供货商,从而避免其在与供货商的关系发生改变时陷入困境。

三、营销中介

营销中介是协助企业促销和分销其产品给最终购买者的公司或个人,包括如下几个部分。这些都是市场营销活动不可缺少的中间环节,大多数的营销活动需要它们的协助才能顺利进行。

(一)中间商

市场营销微观环境中的中间商是指帮助公司找到客户或者直接和客户做生意的公司。中间商可以分成代理中间商和商人中间商,其不同之处是:代理中间商只负责介绍顾客或与顾客协商买卖,不占有货物,但却向委托人收取佣金,如经纪人、制造商代表等;而商人中间商,则占有货物的所有权,买下商品,然后再销售,如批发、零售等。

中间商在企业的产品由生产到消费的过程中起着举足轻重的作用。由于中间商是直接与目标客户进行交易的,因此其销售效率和服务质量将对公司的销售产生直接的影响。所以，要正确地选用中间商，并采用行之有效的方法来激发这些中间商的营销积极性，从而使中间商充分利用自身的潜力为公司服务。

（二）实体分配公司

实体分配公司是协助厂商储存货物，并把货物从产地运送到目的地的专业企业，如各类运输公司和仓储公司，包括铁路、公路、航空、海运等货运公司。生产企业主要考虑商品的性质和特点，并权衡成本、速度和安全等因素，以选择成本效益最佳的货运方式和仓储方式。

（三）营销服务机构

营销服务机构的种类很多，涵盖了市场调研公司、广告公司、各类广告媒体和市场顾问公司。这些公司可以帮助企业在特定市场中挑选合适的市场，并将他们的产品推向市场。在当今世界，大型企业都有自己的广告代理机构和市场调研机构。但是，大部分的企业都需要借助这些服务机构进行市场调查，比如选择专业的调研公司进行市场调研，或者雇用专业的广告公司进行产品的宣传。为了节约成本，增加经济效益，很多公司都将调研部门和广告部门从公司中分离出来。

（四）财务中间机构

财务中间机构包括银行、信用公司、保险公司、租赁公司和其他协助融资或保障货物的购买与销售的公司。在现代经济生活中，企业与金融机构有着不可分割的联系，如企业间的财务往来要通过银行账户进行结算，企业财产和货物要通过保险公司进行保险等。而银行的贷款利率上升或是保险公司的保险费率上升，会使企业成本增加，营销活动受到影响；信贷来源受到限制会使企业资金周转出现困难，进而影响生产。诸如此类的情况都将直接影响企业生产经营的正常运转。因此，企业必须与财务中间机构建立密切的联系，以保证企业资金渠道畅通。

四、顾客

在企业的直接市场环境中，顾客是最主要的要素。顾客是企业的直接消费者，消费者的改变就是企业对市场的获取和失去。所有的市场营销都围绕着顾客需求展开。顾客对企业产品的喜爱程度、对企业的忠诚度、对企业的满意度等，都将对企业的经营产生重要的影响。

按照购买动机和类别分类，顾客市场可以分为消费者市场（为满足个人或家庭生活需要而购买商品和劳务的市场）、生产者市场（为赚取利润而购买商品和服务来生产其他产品和服务的市场）、中间商市场（为赚取利润而购买商品和服务以再出售的市场)、政府市场(购买商品和服务以维持组织正常运转的政府机构。政府采购产品有特定的形式,与其他几类市场有很大的区别)等。

在不同的市场中,客户的需求是有差异的,因此,企业需要在不同的服务模式下,为客户提供不同的产品。因此,企业应从类别、需求特征、购买动机等方面认真研究不同的客户群体以达到满足客户需求的目的。

五、竞争者

竞争者一般是指向企业所服务的目标市场提供相似或类似产品,并对企业构成威胁的单位或个人。市场营销观念告诉我们,企业要想在激烈的市场竞争中获得成功,就必须充分了解自己的竞争对手,并能比竞争对手更有效地满足顾客的需求。因此,能否识别自己的竞争对手、时刻关注竞争对手并随时做出相应的对策亦是关系企业成败的关键。

从满足消费需求或产品替代的角度来看,每个企业在试图为自己的目标市场服务时通常面临着以下四种类型的竞争者。

(一)愿望竞争者

愿望竞争者指的是提供不同产品以满足不同需求的竞争者。比如:出售旅游产品及出售电子产品之间的竞争。例如消费者要选择一种万元消费品,他所面临的选择就可能有电脑、电视机、摄像机、出国旅游等,这时电脑、电视机、摄像机以及出国旅游之间就存在着竞争关系,其厂商成为愿望竞争者。

(二)类别竞争者

这是指满足同一种需求的不同种类产品的生产厂商之间的竞争。比如为了满足消费者的交通需要,通用公司把所有的汽车制造商都视为竞争对手,同时也把摩托车、自行车和卡车制造商视为竞争对手。

(三)产品形式竞争者

这是指满足同一种需求的产品在各种形式之间的竞争。这里各种形式的产品表现为不同性能、质量、规格、型号、款式、包装的产品。由于这些种类相同但形式不同的产品在对同一种需要的具体满足上存在着差异,购买者有所偏好和选择,因此这些产品的生产经营者之间便形成了竞争关系,互为产品形式竞争者。比如近视眼镜,其主要作用是让人"恢复"正常的视觉,但是符合这种需要的眼镜有很多种:普通眼镜、高档眼镜、隐形眼镜、特殊材质眼镜等。除了具有矫正视力的作用之外，一些具有遮阳、装饰等特殊作用的眼镜也是其产品形态的竞争对手。

（四）品牌竞争者

顾名思义，品牌竞争者就是能够满足顾客同一种消费需求的不同品牌的相同形式的产品，如家电品牌"海尔""创维"等，电脑品牌"联想""惠普""华为""三星"等，这些品牌都可以满足消费者对家电和电脑的需求。

六、公众

公众是指对企业实现其目标有实际或潜在利害关系和影响力的任何团体或个人。公众对公司的态度将极大地影响公司的市场行为，它可以帮助公司提高自身的市场营销目标，也可以阻碍市场营销的开展。

企业所面临的公众主要有以下七类。

①融资公众，是指关心和影响企业取得资金能力的集团，包括银行、信托投资公司、证券公司、保险公司等。

②媒介公众，包括电视、电台、报纸、杂志等大众传媒。它们掌握传媒工具，具有广泛的社会联系，能直接影响社会舆论对企业的认识和评价。

③政府公众，是指有关的政府部门，包括管理企业的业务、经营活动的政府机构和企业的主管部门，如工商行政管理局、税务局、各级物价局等。

④群众团体，是指消费者组织、环境保护组织及其他有影响力的群众团体，如红十字卫生组织等。

⑤社区公众，主要是指企业周围的居民和团体组织。社区公众是企业的邻里，企业和社区保持的良好关系，为社区的发展做出一定的贡献，收到社区居民的好评，他们的口碑能帮企业树立形象。

⑥一般公众，是指一般社会公众，是与企业经营活动无关的一般消费者、组织团体等。他们可能并不购买企业产品，但深刻地影响着消费者对企业及其产品的看法。因此企业必须关注自身的"公众形象"，可以通过赞助慈善事业、设立消费者直接投诉系统等途径来改善和创造良好的微观环境。

⑦内部公众，是指企业内部全体员工，包括决策层、管理人员、工人等。内部公众的态度会影响外部公众，所以，处理好内部公众关系是搞好外部公众关系的前提。企业的营销活动离不开内部公众的支持。

企业要了解公众的需要和意愿，采取积极态度与公众沟通，借此树立企业的良好形象。如何处理企业与公众的关系已成为一门学科、一门艺术。

第三节 市场营销的宏观环境

市场营销的宏观环境主要由人口环境、经济环境、自然环境、政治法律环境、科学技术环境和社会文化环境等构成。

一、人口环境

人口是构成市场的第一要素。市场是由具有购买欲望和购买能力的人构成的，这样的人越多，市场规模越大。在日常生活中，人的衣食住行所产生的需求及生老病死的自然规律所诱发的需求，是市场需求最基本的动因。因此，人口的多少直接决定市场潜在容量，而人口年龄结构、家庭结构、地理分布、受教育程度等又会对市场需求的格局产生深刻的影响。

（一）人口数量

在营销者看来，人口的增加就是人的需求增加，如果有了充足的购买力，那么人口的增加就会导致市场的扩张。如果人口增加，对粮食和其他资源的供给构成了巨大的压力，那么，成本就会上升，利润也会下降。

（二）人口年龄结构

不同年龄阶段的消费者有不同的消费理念和习惯。随着年龄结构的变化，市场需求的变化也会呈现出不同的特征，因此，营销人员必须认真调查分析年龄结构导致的市场需求结构变化趋势。

我国的人口年龄构成具有明显的老龄特点。由于各年龄段的人口需求结构存在差异，老年人比重的增大必然导致整体市场的需求结构发生改变，比如老年人所占比重的增大，就会导致对养老院、小包装食物和医疗器械的需求激增。与此同时，随着年轻夫妇的休闲时间、经济收入增长，酒店、餐厅、航空等行业也随之出现了新的商机。此外，人口老龄化的改变势必给其他产业带来一定的风险，同时也给其他产业带来了机遇。

（三）家庭结构

家庭是购买与消费的基本单元。一个国家或区域的家庭数量对消费市场的规模有很大的影响，而家庭结构的改变也会对需求的改变产生一定的影响。根据年龄、婚姻状况、子女状况等因素，我国现在也出现了单身、同居、单亲、无子女等非传统家庭形态。所以，家庭的需要也会有巨大的改变。

（四）地理分布

这是指人口在不同地区的密集程度。从历史上看，人口的迁移是人类文明发展的标志。最普遍的情况是，人们从乡村到城市，从市区到郊区。由于地理、气候、自然资源、风俗习惯、宗教信仰等因素，消费者的消费习惯和需求也有很大的差别。企业的营销者应该密切关注由地域上的人口分布而产生的市场机遇。我国的人口地域分布具有明显的不平衡特征，即东南沿海省份人口密集，商品市场规模大，而西部人口稀少，市场容量相对较小。

（五）受教育程度

人们的受教育程度也直接或间接地影响人们对市场产品的需求，因此对市场营销方式也有不同程度的影响。不同层次的受教育者对产品的质量、价格以及产品自身的附加价值都有不同程度的需求，因此要根据不同的市场需求做好营销。

二、经济环境

经济环境主要包括宏观经济环境与微观经济环境两个方面。宏观经济环境主要是指社会总供给、总需求的状况及发展趋势，一国的产业结构、物价水平、劳动力成本及国际贸易发展的状况。微观经济环境主要是指社会购买力、国家的财政收支结构、经济的迂回程度等所造成的物品流量与流向情况。经济环境影响人们的收入水平与生活观念，当人们的经济收入处于低水平的时候，人们首先想到的是如何满足基本的温饱，但是随着经济收入的不断提升，人们对于生活品质的要求不断提高，基本的生活需求不断提高，对于企业产品的质量以及安全要求也不断提高。

三、自然环境

自然环境是指市场营销者需要投入的或受到市场营销活动影响的物质环境和自然资源。在最根本的层次上，从天气到自然灾害，都会对公司和市场营销产生影响。比如，由于冬季气候变暖，羽绒服市场萎缩；一些地方的泥石流造成了本地企业的生产、运输等问题。虽然公司无法防止这种自然现象，但是我们还是要制定紧急预案，以从容应对。

地球上的资源可以分成无限资源和有限资源（有限可再生资源和有限不可再生资源）两大类。虽然空气和水看起来无穷无尽，但空气污染问题却让很多大城市的居民感到呼吸困难。森林、农产品等可再生资源也要谨慎使用，防止滥砍滥伐，占用耕地。而石油、煤炭、矿产等不可再生能源，已出现了严重的短缺。对于那些必须使用稀有资源生产产品的公司来说，即便有原料，他们也要面对巨大的成本增长。目前，太阳能的发展已有了很大的成果；电力车辆的崛起取代了一些汽油车辆。从长期来看，开发太阳能、风力发电等新能源具有很好的发展前景。全球面临着原料紧缺、能源价格上涨等问题，只有对资源进行合理的开发与利用，才能实现企业的健康发展。在资源不足的情况下，如何节约能源，降低消耗，寻找替代品，是企业营销必须重视的问题。

现代工业的发展，必然会给自然环境带来极大的损害。化学物质和废料的处置，从土壤和食品中产生的化学物质，以及人们随手扔掉的不可生物降解的塑胶，都给环境带来了很大的危害。社会和政府对于环保的关注，在一定程度上制约了部分公司的发展，但同时也给企业提供了一定的市场机遇。企业社会意识的提高，以及对环境的认识，都将推动公司乃至整个社会的整体发展。

各国政府均已认识到自然环境的重要性，并对其进行了严格的限制与保护。从短期来看，加强自然环境的保护与企业扩大生产、促进经济发展是矛盾的。但是，从长远的角度考虑，环境保护是绝对不能松懈的。企业既是生产、运营的主体，又是环境的生产者与受益者，所以，企业的市场营销要重视法规的约束，严格执行，同时还要重视环保带来的市场机遇。

四、政治法律环境

宏观环境是影响企业市场准入、发展的重要环境因素。从政治法律环境上看，一国关于某个行业的政策与法律制度直接影响某个行业的市场规模，也影响某个企业的发展。

政治环境包括由于国家社会制度的性质而产生的政策以及政府指导方针。不同的社会制度对行业组织活动也有不同的要求。但在同一国家同一制度下，政府行为的变化，导致行业政策在不断产生变化，最终影响着组织的活动。企业的发展与政治环境密切相关，政治环境对企业的发展有着深刻的影响。一提到公司的经济发展，政治环境就是无法忽视的决定性因素。由于经济、文化都会受到政治影响，所以政治能够在某些程度上反映经济情况。

法律环境指国家或地方政府的各项法规、法令和条例。它对市场消费需求的形成和实现具有一定的调节作用。企业研究并熟悉法律环境既能保证自身严格依法管理和经营，也可运用法律手段保障自身的权益。

首先，企业经营要符合法律的规范。依法经营，加上正确的战略指导，才能够拥有健康积极的发展。政策与法律对企业经济活动的影响可谓无处不在，无时不有。此外，时代的飞速进步也给企业带来了多变的社会环境。在经营过程中，企业会面临很多不确定因素，承受各种压力。所以，企业需要保持理智的头脑，科学的思考，及时审视当前形势，并尽快制定或修改相应的发展策略。

各个国家的社会制度不同，经济发展阶段和国情不同，体现统治阶级意志的法制也不同。从事国际营销的企业，必须对有关国家的法律制度和有关部门的国际法规、国际惯例和准则进行研究并在实践中遵循。

五、科学技术环境

科学技术环境因素的组成内容较为广泛，例如，发明创造、新能源、新材料、新技术等。技术上的进步离不开创新，坚持提高自身的技术对于企业发展大有裨益，技术的进步才能带来更好的发展。企业的卓越表现包括技术的创新、技术的应用，这些都应该是企业努力的目标。事实上，整个世界文明的发展以及人类生活水平的提高都与技术创新有着密切的联系。

科学技术环境对于产品的销售影响是根本性的，技术的发展带来产品生产的变化，同时也给产品的市场营销带来影响。从科技环境对企业销售模式的影响上看，科技的发展对于行业经营模式的革新有着根本性的作用，随着互联网技术的普及，电子商务的发展，网络购物平台的兴盛，越来越多的人通过网络购买商品。信息技术的发展诞生新的经营模式，互联网信息技术的普及以及智能手机、网络终端的普及等，革新行业的发展趋势。

除了与组织所处行业领域的生产行为直接相关的科技的发展之外，还需要了解并分析以下内容：①国家对该行业发展的支持力度；②该行业发展趋势以及发展方向；③技术商业转化及技术落地速度；④技术专利的保护等。

六、社会文化环境

社会文化环境是指一国的人文风情、生活方式以及人们的价值观念、职业与教育程度、道德风尚等因素构成的环境。社会文化环境对企业的影响是无形的，企业要适应一国的社会文化环境，才能真正融入当地的市场。社会文化环境对企业的营销策略的影响是潜移默化的，企业的营销策略只有符合当地的人文风俗，符合当地的习惯，迎合消费者的消费需求与习惯，企业才能真正赢得消费者。

与社会文化相关的因素又可以概括为民族、宗教、文化观念和教育水平，由社会人口、年龄和人口流动组成。社会的人口规模直接影响国家与地区市场，而年龄则对消费人口、消费能力、消费多样性有关键性作用。考虑到企业的区域环境直接决定企业营销战略的制定，所以在调整战略时应该结合区域环境以及自身状况。社会环境的影响在我国十分普遍，主要原因还是我国疆土辽阔、人口众多。居民的教育水平会影响居民的需求标准；民俗习惯会限定某一类产品的适用范围；价值观是居民对外界因素的判定水准，价值观对居民组织活动和组织本身的认可有重大影响。同时，审美意识也影响组织活动、方法和结果的接受程度。

第四节　企业应对营销环境影响的策略

一、企业应对营销环境影响的分析

（一）企业应对营销环境影响的分析方法

1.SWOT 分析法

SWOT 分析由美国旧金山大学知名管理学专家海因茨·韦里克于 20 世纪 80 年代提出，逐渐被应用为探析企业内外部环境因素的战略分析工具，也被称为态势分析法或道斯矩阵分析法。

SWOT 分析是对企业所处的内外部竞争环境和竞争条件下的态势进行的分析。主要从优势（Strengths）、劣势（Weaknesses）、机会（Opportunities）、威胁（Threats）四个方面入手，对企业所处的情景进行全面系统的分析，从而根据分析结果制定相应的发展战略。优势和劣势分析主要从企业整个价值链的环节上与竞争对手进行对比分析；机会和威胁分析主要是分析竞争对手以及市场替代品，从而寻找发展空间，解除市场壁垒限制，从而找到发展机会。SWOT 分析理论的贡献在于能够系统地将独立的因素进行综合分析，为企业制订更加科学的发展计划，如表 2-1 所示。

表 2-1 SWOT 分析理论

	外部优势 S	内部劣势 W
外部机会 O	SO 增长型战略，充分发挥内部优势，抓住外部机会	WO 扭转型战略，把握外部机会，弱化内部劣势
外部威胁 T	ST 多元化战略，充分发挥内部优势，同时避免外部威胁	WT 防御型战略，抑制劣势、避免外部威胁

SWOT 分析从上面四个方面进行分析，并以矩阵的形式罗列出来，将各要素进行科学系统地分析和研究，从而制定出企业最佳经营战略。

①增长型战略要求企业在面对机遇时，充分发挥内部优势，抓住外部机会，从而谋求快速、健康的成长。

②多元化战略是公司既具有长处又面对风险时可选择的战略，其目的是扬长避短，规避风险。

③扭转型战略是当公司不仅有可供把握的外部机会，还有需要解决的内部问题的时候可以选择的兼顾到各个方面的策略。

④防御型战略是当公司既被重重外部风险所包围，又具有内部缺陷的时候可以选择的回避危机与修正缺点的策略。

竞争优势实际上指一个企业与竞争对手相比较时，拥有超越竞争对手的能力。它可以是产品的质量、包装、服务、关系等因素，通过这些区别于竞争对手的能力，提高企业在行业中的综合竞争优势。竞争劣势与竞争优势是相对应的，指企业与竞争对手相比较时，在某些方面缺少或做不好而处于劣势的条件，但公司可以采取适当的措施，通过努力弥补自身的不足缩小差距，削弱对手的竞争优势，同时也可以选择在自身劣势方面规避竞争。

市场机会是指企业的外部环境中影响企业战略的重大因素，包括技术水平、经济形态、营商环境等政策方面的变化。市场威胁是指在企业外部环境中，对企业的经营和市场地位构成威胁的因素，这些威胁包括现有的竞争对手及潜在的竞争对手。从整体上看，SWOT 分析可以分为"优势－劣势"和"机会－威胁"两部分，"优势－劣势"部分是用来分析企业的内部条件，将企业和竞争对手进行比较，从而得出企业的优劣势。"机会－威胁"部分是用来分析企业外部环境的变化对企业战略的影响。通过 SWOT 分析方法来了解对手和自身，可以指导企业明确发展战略目标，利用资源整合形成竞争优势。

2.PEST 分析法

（1）PEST 分析法的含义

PEST 是一种分析企业所处外部宏观环境的研究方法，主要从政治（Polities）、经济（Economic）、社会（Society）、技术（Technology）四个角度，来分析企业所处的宏观环境，帮助企业较好地从总体上把握宏观环境的变化，制定有利于公司的市场营销策略，同时对未来可能存在的威胁及早发现，并将风险降到最低。

（2）PEST 分析法的内容

①政治环境分析。政治环境在这里不单纯指政治，它指的是一个地区或者国家的方针政策、体制、法律等方面的内容。企业的经营和运转往往会被它所引导。如政府颁布对企业有约束作用或能发挥积极意义的法律时，企业则需要进行相适应的调节和变动。政治环境的分析内容，主要包括该国家和地区的社会制度、政党主张、政策方针以及法律法规等。不同国家和地区社会制度的不同，造成该国家和地区人民意识形态的显著差异，进而导致其需求偏好、购买决策和购买行为的明显不同。即使在社会制度相同的国家和地区，执政党的政治诉求和基本主张，也将影响其政府政策和产业规划，进而对市场竞争、产品设计、环境保护等方面的营销活动产生巨大影响。更多时候，政府政策等外部规制对企业的影响往往是间接的，通常能以税收、汇率、存款准备金比率等财政工具和货币政策，实现对市场环境的调控，对企业的营销导向和现实成效产生巨大影响。

②经济环境分析。经济环境指的是公司制定战略时，需要考虑的和经济相关的环境，例如经济发展水平、汇率水平、国外和国内的经济条件、产业布局、宏观政策、市场机制完善程度等多方面要素。由于经济全球一体化进程的推动，每个企业都或多或少受到经济环境的影响。经济环境的分析内容，主要包括人口数量、收入水平、消费结构等。一个国家和地区市场规模和潜力的大小，往往取决于该国家和地区的人口数量，人口数量越多和增长能力越强，产品和服务的销售空间也就越大，市场营销活动往往更容易取得成果。在收入水平方面，一个有效的市场规模既取决于这个国家和地区的人口数量，同时也取决于这个国家和地区的消费者的购买能力和购买意愿，某个国家和地区的消费者的收入水平越高，其购买能力和购买意愿往往越强。在消费结构方面，一个国家和地区人民的消费结构具有不同的特征，其收入水平和财务配置能够在一定程度上体现出这个国家和地区人民的购买决策偏好。在进行市场营销活动的过程当中，要充分考虑目标市场的消费结构以及行为偏好。

③社会环境分析。社会环境包括当地自然环境、市场规模、当地人口流动性、种族结构分布、消费者年龄结构、收入分布差异、消费习惯等。任何市场营销活动都是深刻嵌入于各种正式制度以及非正式制度之中的。正式制度集中体现为各类法律法规,而非正式制度主要体现为在社会历史发展过程当中,所形成的长期稳定的价值观念、交往准则以及审美标准等。在价值观念方面,不同的国家和地区往往存在显著的差异。例如,中华民族的集体主义精神和家庭观念深深烙印在每一个人的内心深处;但在很多西方国家,个体主义和独立文化极其盛行。在交往准则方面,不同的国家和地区往往具有不同的人际交往规则和方式。例如,在我国,不具备血缘和地缘邻近性的个体可能难以深刻交往;但在很多西方国家,不去主动亲近和示好陌生人往往被认为是一种社交失败。在审美标准方面,在很多国家和地区被认为美好的东西,可能在另外一个国家和地区被认为是丑陋的东西,这可能会受到宗教信仰等其他很多复杂因素的影响,在进行市场营销的过程当中,要通过充分的调研来避免这些不利的因素。

④技术环境分析。技术环境指的是企业经营受到地区和国家的科学技术政策、科学水平、产品研发水平以及技术发展状况等的影响。这其中包括企业生产关系比较密切的技术和生产工艺,以及看上去关联性并不是那么紧密的创造发明也影响到企业的营销策略,如互联网的普及,促使许多企业要顺应潮流,转变传统的营销策略。科技因素也是市场营销环境分析必不可少的关键因素,一般而言某个行业的技术现状和发展态势会被首先分析,但同时该国家和地区核心技术的变化趋势也是分析的重要组成部分。在国家科学技术研究层面,行业重要性不同将导致行业投资和发展前景的差异,企业要厘清哪些行业是国家当前以及未来支持的重点。同时,还要观察某一个领域科学技术发展的基本动态,以及该行业所属企业的研发费用和研发支出,通过跨行业的比较分析,可以评估这个行业的技术密集程度究竟如何。另外,还要观察特定行业和特定商品技术转化的速率以及商品化的速度,上述指标可以在一定程度上体现该行业的市场竞争密度。还有,专利引入费用等情况可以体现某一个行业的专利集中程度,可以由此判断该行业的技术优势和龙头企业出现在哪些国家和地区。

(二)企业应对营销环境影响的市场机会分析

市场机会是指在特定的市场环境中,企业能够通过一定的营销活动来获得利润。市场机会能给公司带来的利润的大小表明了它的价值,而当它具有更大的价值时,它就能更好地满足公司的利益需要。市场机会的出现源于新市场的开发、竞争对手的错误以及新产品和新工艺的应用，这些新的市场需求将给市场带来机遇。

1. 市场机会的特征

市场机会作为特定的市场条件，是以其针对性、时效性、利益性、公开性四个特征为标志的。

（1）针对性

市场机会是具体企业在市场运行过程中的机会，市场机会的分析与识别必须与企业具体条件结合起来进行。特定的营销环境条件只对那些具有相应内部条件的企业来说是市场机会。决定某一特定的环境状况是否为一家公司的市场机会，必须根据该公司的行业和该公司的经营特点来判断，如产品类别、价格水平、销售形式、工艺标准、对外声誉等。比如，折扣销售的兴起，为生产低价产品的公司提供了一个可以研究和开发的市场机会，而对于那些生产高质量、高价产品的客户，则不能被视为一个市场机会。

（2）时效性

对于一个现代企业来说，其市场机会的生成和消亡一般都是转瞬即逝的，因为其营销环境不断地发生着快速的变化。在市场机会出现到消失的短暂时期内，市场机会价值也迅速地经历了价值递增再递减的过程。市场机会具有的价值和时变性特征，即时效性。

（3）利益性

能给公司带来经济效益和社会效益，这也是市场机会的另一个特征。市场机会具有的利益性特征，即在确定市场机会时，必须对机遇能否给企业带来实际的收益、所能获得的收益和收益的大小进行分析。

（4）公开性

市场机会是一种客观存在的或将要出现的市场环境，是每一个公司都能发掘并分享的。不同于公司特有的技术和产品专利，市场机会是开放的，可以为整个市场环境中的企业共享。市场机会的公开性需要企业及早地发掘潜在的市场机会。

从以上四个方面来看，在分析和掌握市场机会的过程中，充分利用自身的优势，及时地做出相应的应对措施，企业才能在激烈的市场竞争中获得最大的收益。

2. 市场机会的价值分析

不同的市场机会可以为企业带来的利益大小也不一样，即不同市场机会的价值具有差异性。为了在千变万化的营销环境中找出价值最大的市场机会，企业需要对市场机会的价值进行更为详细具体的分析。市场机会的价值大小由市场机会的吸引力和可行性两方面因素决定。

（1）市场机会的吸引力

这是指企业利用该市场机会可能创造的最大利益。它表明了企业在理想条件下充分利用该市场机会的最大极限。反映市场机会吸引力的指标主要有市场需求规模、利润率和发展潜力。

①市场需求规模：市场机会目前所能满足的总的市场需要，一般是指产品的销量。实际上，由于市场机会是开放的，所以，市场机会所提供的总需求通常是由多家公司共同分享的，而某一特定的公司只能占有一定的份额。所以，这个指标可以被公司目前所能获得的最大市场份额所替代。但是，如果一个市场需要的数量很大，那么这个市场机会就有很大的可能让每一个公司都有更多的需求。所以，总体而言，这个市场机会对于这些公司而言，或多或少都有较大的吸引力。

②利润率：在市场上所能提供的市场需求中，目前每一项需求所能给公司带来的最大收益（在此主要是指经济利益）。不同的经营状况下，其利润水平存在差异。利润率是从收益角度来看，由市场机会所带来的市场需要。这与市场需求的大小共同决定了公司目前能够从这一市场机会中获得的最大利润。

③发展潜力：市场机会所能提供的市场需求规模、利润率的发展趋势和发展的速率。同时，发展潜力也是决定市场机会吸引力的一个重要因素。尽管目前公司面对的一个市场机会只有很少的市场需求，或者利润很低，但是这个市场机会对于公司仍然有很大的诱惑力，因为它的整体市场规模或者它的市场份额或者利润有快速增加的趋势。

（2）市场机会的可行性

市场机会的可行性是指企业把握住市场机会并将其化为具体利益的可能性。从特定企业角度来讲，只有吸引力的市场机会并不一定能成为本企业实际上的发展良机，具有强吸引力的市场机会必须同时具有强可行性才会是企业提高价值的市场机会。

①内部环境条件。企业是否能够抓住市场机会，取决于企业自身的内部环境状况。其对市场机会的可行性有三个决定性的影响。第一，市场机会必须符合公司的经营目标、规模和资源条件。与此同时，对于同样的产业，这种市场机会对于经营规模大、实力强的公司和经营规模较小、实力较弱的公司，其生存的可能性也不同。一个有巨大诱惑力的市场机会，往往会带来激烈的竞争，因此，对于

弱小的企业，这种可能性就不大了。第二，在企业内部，市场机会要有利于发挥差异性优势，这样才更有可能实现。公司的内在竞争优势，是指公司的内在环境优于市场上其他公司，一般是先进的技术、高生产率、高信誉等。企业应该正确地分析自己的长处和短处，认识到自己的内在优势，从而更好地把握市场机会的可能性。同时，也可以通过改善自身的内在环境，从而形成新的竞争优势。第三，公司的合作水平对市场机会的有效性有很大的影响。市场机会的掌握程度取决于公司的综合实力。只有在企业的组织架构和各个行业的运营能力与市场机会相适应的情况下，这个市场机会对于公司来说才是具有可行性的。

②外部环境条件。市场机会对公司生存能力的影响程度，取决于企业的外部环境。在宏观和微观环境因素的改变下，市场机会的可行性也会随之改变。虽然公司的内在条件，也就是决定市场机会的可行性的主观因素没有改变，但是，某些影响公司经营的外部环境的重大改变，也使得这种市场机会对公司的生存能力有很大的影响。与此同时，利润的降低也会降低市场的吸引力。吸引力和可行性的降低，最终会导致原有的市场机会价值降低，从而导致公司在一定程度上舍弃了目前的市场。

二、企业应对营销环境影响的对策

（一）企业应对不同营销环境的对策

1. 应对理想环境的对策

在这样的环境中，企业面临的机会水平相对高一些，而威胁就会相对少一些。企业要抓住机遇，发挥优势，开发新的产品、新的服务，或者在现有的基础上，扩大生产和经营规模。同时，我们也要充分利用市场营销战略，从整体上提升产品和企业的市场地位。

2. 应对冒险环境的对策

在这样的环境中，企业面临的机会和威胁都比较大。公司管理层要把握机遇，敢于承担风险，做出果断的决定，在风险环境中把握商机，拓展商业。在受到威胁时，要冷静地进行分析，仔细研究，找出公司最大的威胁和根源。要善于发挥自己的优势，调整自己的市场组合战略，适应环境变化，减少对企业的市场造成的负面影响，通过努力限制或逆转公司所面对的环境威胁，实现公司向理想的环境转变。

3. 应对成熟环境的对策

在这样的环境中，企业面临的机会和威胁水平都比较低。企业在保持正常运营的同时，应积极主动地应对突发事件。公司无法一次性地充分利用相同的市场机遇。企业要想赢得市场的主动权，就必须积极地寻求与自身相适应的市场环境，拓展市场。在大环境短期内难以改变的条件下，要通过对微观环境的优化，为企业开拓新的市场空间，实现公司的持续发展。

4. 应对困难环境的对策

在这样的环境中，企业面临的机会和威胁水平都比较高。为了快速走出困境，企业必须尽早开发新的市场，并采取新的营销方式和战略。既要减轻、消除威胁，也要适时地找到机遇，把公司的业务迅速地转向其他利润较高的产业或市场，或者实行多元化经营，尽快使企业走出困境，以避免更大的损失。

（二）企业应对营销环境变化的对策

企业应对营销微观环境和宏观环境的变化，要采取不同的策略。

1. 微观环境变化的应对策略

微观环境变化直接关系到企业的生存和发展，而企业的微观环境变化由企业内部因素和外部因素两大块组成。企业内部因素具有可控性，可以通过企业内部的调整以及管理来协调解决，以下主要关注外部因素带来不利影响时企业的对策。

①同步性策略。处于市场竞争中的企业，要与同类企业保持同步性。企业在人力、物力以及资金恒定的情况下，要求与市场上大多数同类企业保持一致的步伐，形成良性竞争。

②差异化策略。企业进行市场经营时，消费者在购买力方面存在明显差异，如企业应把商品价格进行多档次设定，比如说不同的时间阶段、不同的地区以及不同的交易模式可设定不同的营销价格，从而满足消费者的心理需求；企业设定差异化竞争过程中，要在确保商品差异性的基础上，满足大部分消费者的心理需求。

③开发性策略。顾客如果对企业现有的服务或者产品不满意，就需要生产更高层次的产品或服务。企业原有的市场发生改变，潜在需求出现，这是微观环境的改变，这就要求企业抓住机会改进产品质量，开发出新的能满足顾客需求的产品。

④转移性策略。市场营销环境的变化,必然会对企业产品营销产生一定的影响,比如说消费者原有的消费习惯与消费行为改变。面对此种问题,企业应研究与分析市场营销环境变化,然后及时地对原有商品销售区域进行转移,若是两个地区在生产消费水平方面存在一定差异,如企业商品营销在相对比较高的消费水平地域遭受限制,就可把商品转移至相对较低的消费水平地域营销。因而,在微观市场营销环境变化下,<u>企业应用转移性营销策略,不仅规避了风险,还能够使企业获取更大的利益</u>。

2. 宏观环境变化的应对策略

宏观环境对企业的影响体现在企业的长期发展和战略性部署上,诸如国家政策方针、地理人口的分布、法律条文的变动等。宏观环境的变化会影响企业制定的长期发展规划,这种规划往往起到目标性和方向性的作用,企业需要根据宏观环境变化调整方向,及时采取相应的对策。

①协调性策略。企业在应对市场营销环境发生的变化时,应通过协调性策略予以反击。协调性策略对于企业能力有着严格要求,唯有具备一定能力才能够通过协调性策略适应营销环境变化带来的影响,保证企业可持续发展。企业应用协调性策略时一定要重视两个方面的内容:首先,确保企业在原有市场中的稳定性,防止发生大变动从而影响产品营销;其次,应用协调性策略时要与整体战略相结合,虽然市场营销环境在不断变化,但并不会对企业长远发展目标造成影响,因而要保证企业未来发展方向不变。

②抵制性策略。也叫做对抗性策略,是企业用来尽量限制或者扭转对企业生存发展所不利的宏观环境变化的手段策略。对抗性策略的实行要求企业具有相当强度的社会影响力和经济实力。同时在实行抵制性策略的时候要注意:需要在现行的法律政策的允许下;实行手段要求不能影响企业的信誉形象,注意企业的公众印象;不能影响企业自身的经营状况和经济收入。

③企业文化策略。企业文化是企业的形象,企业文化不仅约束企业员工的行为,还关系到企业的经营业绩。企业一定要依据市场营销环境发生的变化情况,及时改进企业文化。发展过程中企业应依据企业文化打造团队,使员工默契配合,增强企业的核心竞争力。企业一定要依据企业文化内涵,加大企业员工的培训力度,打造出具备竞争力的营销团队。企业应改进营销服务体系与售后服务体系等服务营销。对此,企业一定要制定合理、有效的营销计划与服务计划,并且企业员工要积极落实,从而为消费者提供优质服务。

④多元化策略。企业实行多元化策略，要求企业发展多元化、产品要求多元化，当宏观营销环境的变化不利于企业某些产品的生产、销售的时候，可以将受到生产销售威胁的产品暂时或者永久停产停销，或者将其转移到其他市场中，也可以重新考虑企业本身的市场定位，将其用于生产开发其他产品。

当今社会市场营销环境不断变化，企业间的竞争越发激烈，这一系列的发展方向对企业的营销活动提出了新的策略要求，企业在面对这一挑战的时候，一定要深入分析与研究市场形势，积极应对营销环境的变化，针对新的环境制定新的策略，不断增强企业的核心竞争力，提高企业的创新意识。企业要从战略的高度重视市场营销环境的变化和发展，选择合适的针对策略，及时调整营销活动，保证企业的稳定与可持续发展。

第三章 市场营销调研与预测

市场营销调研与预测是根据市场过去和现在的营销状况采用一定的调研和预测的方法，反映市场的变化以及预测市场发展的趋势。本章分为市场营销信息系统、市场营销调研、市场营销预测三部分。

第一节 市场营销信息系统

一、市场营销信息概述

从市场的观点来看，企业与市场之间的关系有三种流动形式：①商品或服务从企业到买方；②资金从买方到企业；③企业与市场、环境之间的信息交流。企业进行营销不仅需要人力、财力、物力等多种资源，还需要大量的信息。可以说，信息是构成市场营销的一个重要因素。

（一）市场营销信息的重要性

在当今的经济社会中，有三大发展趋势使得公司对市场营销信息的需求比以前更加迫切。

①拓展的市场。由于国家与区域间、国际间的经济关系日益密切，市场已不限于区域，销售范围也由区域扩大到了全国，甚至跨越了国家的界线。在不同的区域和国际市场中，营销决策人员所面对的环境比较陌生，需要收集和加工大量新的信息。

②消费者的购买行为变得更加复杂。当消费者的收入显著增加时，他们更多地选择购买商品，这就使他们的购买行为变得更加复杂。因此，企业需要对消费者的购买行为进行相应的精细化分析和预测。

③从价格的较量变成了非价格的较量。在高收入水平的市场上，消费者对商品的价格没有以前那么敏感，而价格对消费者最后的购买决策的影响力则大大减

弱。因此，品牌、产品差异化、广告和营销等竞争方式的作用越来越明显。但是，这些非价格的手段，要想得到准确的情报，就必须有足够的信息。

随着信息技术的飞速发展，企业可以大规模地收集和处理信息。在网络信息化逐步发展的今天，电脑、复印机、扫描仪、传真机、照相机、因特网、缩微摄影、闭路电视、移动通信系统以及其他设备的使用，使得信息的采集与处理发生了巨大的变革。但是，这并不意味着企业能够充分利用这些资源，及时获取所需要的信息。相反，公司缺乏与现代信息技术相匹配的信息系统，即使有，也仅仅限于日常信息收集、销售分析和需求预测。

这些都说明，为了及时、有效地寻找和发掘市场机遇，为了能够预见市场的变化和问题，为了赢得日益激烈的市场竞争，必须建立起一套行之有效的市场营销信息系统，及时、系统地收集、加工、运用各类相关市场信息。

（二）市场营销信息的特点

作为广义信息的一个组成部分，市场营销信息除了具备普通信息的基本特性之外，还具有自身的特点。

1. 时效性

市场营销活动是与市场密切相关的，其有效的信息是有很强的时效性的。这是因为，我国的国民经济体系中具有核心地位的市场，在各种因素的作用下，在频繁的变动中，信息的传播和难题如果没有得到及时的处理，将难以得到充分的应用。尤其是在激烈的市场竞争中，企业的应对措施稍有迟缓，就会被淘汰。因此，要使市场信息的时效性最大化，必须加强信息的搜集和处理，并尽量缩短从采集到应用所需的时间。

2. 更新性

市场营销信息是随着市场的变动和发展而不断变动的，其客观上是有新陈代谢的。所以，周期并非单纯地重复，而是在新的情况下进行。尽管新的流程和原来的流程具有一定的连续性，但这并不意味着所有的市场信息都可以照搬，而企业的市场营销人员必须不断地、及时地收集和分析各种新的市场信息，以便不断地了解新的情况，分析新的问题，从而赢得市场的主动。

3. 双向性

在商品流通过程中，商品的实物运动是从生产者流向消费者的单向流动。而市场信息的流通却具有双向性：一方面是信息的传播，另一方面是信息的反馈。所以，企业对市场信息的搜集是非常必要的。

（三）企业对市场营销信息的要求

企业搜集市场营销信息是为了能够更好地进行营销决策，企业对市场营销信息有如下的要求。

①市场营销信息的来源要准确、可靠，收集和处理市场营销信息的方法要科学，收集到的市场营销信息的可信度要高。

②及时。市场营销信息具有很强的时效性，因而对信息的获取、传递和处理都有着严格的要求。

③适用性。市场营销信息要刚好能满足信息使用者进行决策的数量和传输频率。信息量太小，时间间隔太长当然是不好的，但是数量太多会导致大量的无用信息或者是杂乱无章的信息，或者是过于频繁的汇报，让经理难以处理。

④系统。在市场营销过程中，企业的行为受多种因素的影响和约束，如果只有一大堆没有系统性的市场信息，那就没有任何用处了。因此，企业应通过分析相关市场信息，分析其内部关系，并不断提升其系统性。如此，才能获得更多、更有效的有用市场营销信息。

⑤成本合理。企业进行市场营销信息的收集、处理必然会导致企业成本的增加。一方面，公司的预算限制了信息获得的规模，另一方面，它不应该超过获得的信息能够为公司带来的利益。否则，信息收集、处理过程就会丧失其存在的意义。

（四）市场营销信息与大数据

早在2011年，"大数据"时代的概念就被麦肯锡咨询公司提出来了，在《大数据：创新、竞争和生产力的下一个新领域》的报告中阐述了数据已经渗透到生活的方方面面，对于行业发展来说具有商业功能，数据已然成为生产因素。报告发布也让人们日益认识到海量数据挖掘与运用的价值，在此之后大数据备受人们的关注。

狭义的大数据是指从个人获取的，具有进一步分析整理意义的数据源，其可以方便存储管理，进而应用至市场推广、政策服务、医疗保障等多个服务行业。广义的大数据不仅仅是指数据源本身，更包含背后的云端处理中心、超高速计算平台、智能算法编译、安全网络中心等软硬件的配套设施，是一个综合性的服务管理平台。当然随着 5G 的出现和普及，数据流的形式可能会发生更多的变化，但是其目的是一致的，都是为了更好地服务于大众，帮助政府和企业制定更可行的政策与市场策略。

大数据是运用计算机信息管理系统，并经长时间的应用后的产物。所谓的"大数据"具有四个特点：第一个特点是本身具有巨大体量的信息数据，通过信息系统，经过长时间的在线运用，记录存储了大量数据构建了数据集；第二个特点是分析处理快，存储技术和数据处理技术能够快速处理数据，并保持数据实时更新；第三个特点是数据类别很多，大数据是海量的信息，信息数据格式是多样化的，数据源也非常丰富，而大数据技术能够处理各类数据形式；第四个特点是应用价值高，大数据具有高度真实性，数据来源于人们全面而真实的行为，比如人们的生活、工作、学习等，大数据是人们实际行为产生的真实存在的数据，计算机信息系统通过大量真实的数据挖掘其内在的价值。简单来说，大数据是以容量较大、数据种类多的数据集合为基础，通过快速存取技术，应用于商业活动的具有高价值的数据集合。

大数据营销可以追溯到 20 世纪 80 年代的数据分析营销，当时的数据主要来源于零售商店通用产品码生成的扫描数据，对于扫描数据的研究，20 世纪 90 年代得到了广泛的关注。21 世纪以来，随着互联网的快速兴起，大数据营销主要经历了四个发展阶段。在互联网时代里，Amazon、Google 的出现推动大数据营销迈上新台阶。在这个阶段，信息搜索和在线评论成为关注的重点，在营销时可针对消费者潜在的搜索需求进行匹配。在随后的社会网络阶段，人与人之间的交流沟通从 Facebook 等社交媒体中得到了极大的便利。在这一阶段，非结构化的数据随着社交媒体的广泛应用呈现了爆炸式增长的态势。大数据营销的重点转变成从社交网络中产生的数据发掘有用信息进行营销推送。随后进入了移动互联网时代，相对于个人电脑，移动互联网搜索的地域流动性变得更强。因此本阶段的大数据营销将重点放在了更加场景化、贴身化的移动广告、促销和个性化推荐上。2013 年被认为是"大数据元年"，大数据和人工智能时代应运而生。这个阶段正是前三个阶段数据的爆发时期，如何利用好大数据，使其实现利益的最大化成为政府、企业、学者所关心的重点。随着信息技术和大数据的快速发展，企业利用用户异质性进行科学营销已经成为一种大趋势。美国马里兰大学商学院市场营销系教授拉斯特等研究了当代市场营销学的发展历程，指出未来市场的营销策略将会越来越趋向服务化和个性化。

由于数字生活空间逐渐为大众所熟知,世界上的信息量迅速增多。追随着这一潮流,云计算、大数据等高科技、新概念喷发式出现,引爆了又一场网络革命。大数据营销具有以下特征。

①强调收集渠道多样性。大数据的信息往往来源于各种各样的渠道,强调从非单一渠道进行数据收集、能够更精准地概括网络用户的行为。可以预见的是,无论是智能投屏、移动互联网还是广电网络或互联网,在今后都有可能被用于数据采集。

②强调时效性。在互联网时代,网络用户的购买行为与支付途径并不是固定的。因此,通常情况下,企业应该在网络用户消费力达到巅峰之时,迅速跟进营销策略。大数据营销公司泰一传媒推出了紧跟潮流的营销策略。该公司能够凭借先进的科技收集到各种网络消费者的需求并及时给予回应,确保他们在考虑是否下单的时候接收有关商品的广告。

③强调个性化。网络时代营销的导向发生了完全的转变,从媒体导向转变为受众导向。在传统时期,营销活动追捧受众多、人气高的媒体,但是如今大数据营销中运用大数据技术来了解目标受众的位置,以及他们关注的平台,当有不同的用户关注同一界面时,大数据还能够实现个性化的营销目标推送,实现了互联网用户的个性化营销。

④强调性价比。传统时期,市场营销或许正因为不能有针对性地投放目标受众,因此营销成本虽然开支巨大,但是收益甚小,而在网络时代内运用大数据进行精准营销能够更好地接近目标受众,并且根据目标受众的实时反馈结果来及时调整营销策略,这样使得企业通过大数据营销能够获得更大的收益,也能够有效削减成本。

⑤强调关联性。大数据营销还具有的一个重要特点就是关联性,同一个受众能够接收到的信息之间是具有相关性的。大数据可以快速了解到目标受众关注的内容并投放与其相关的相应信息,使得信息传递过程也呈现出之前从未有过的关联性。

二、市场营销信息系统的含义

由于市场营销信息的时效性、更新性和双向性,要及时、准确、有效地把握市场信息的内涵,就必须对其进行系统的搜集、筛选、分析,从而形成一套营销信息系统,利用一个规定的程序对市场营销信息进行分析,使得分析过程规范化,避免出现错误或遗漏市场信息。

市场营销信息系统是指一个由人员、机器设备和计算机程序所组成的复合系统，它的功能主要是对信息进行有序的收集、筛选以及分析，目的是为企业的营销决策提供一定的依据。

因此，一个科学的市场营销信息系统应该包含以下三个层面上的含义：市场营销信息系统的组成部分是人员、机器设备和计算机程序；其主要功能足以处理信息；系统的主要作用是为决策者提供市场营销决策依据。

三、市场营销信息系统的构成

市场营销信息系统将企业经营管理者与外部环境联系在一起，市场信息可以从市场中获取，而企业中进行市场营销决策的企业管理者收到的信息分析报告则是经过系统处理的。具体来说，不同的公司在不同的需求下，构建了不同的市场营销信息系统，其结构和运行模式也各不相同。

（一）内部报告系统

市场营销信息系统的首要构成部分就是公司的内部报告系统，也就是所谓的"内部核算"系统或"订单处理"系统，主要针对能够反映公司目前运营状况的各类信息，如订货数量、销售额、产品成本、存货成本、应付账款、应收账款等。通过企业的内部报告系统，可以发现市场机遇、竞争优势、经营缺陷等信息，从而为企业提供相应的改善建议。公司的内部系统是以"订单-送货-收账"为核心的，其中，销售报表是市场经理最为关心的信息。

"订单-送货-收账"是一个由生产、销售、采购、库存、财务等各个环节组成的循环体系。公司接到订单后，会与公司的存货部门取得联系，数量充足的话，可以立刻装运，如果数量不足，就立刻安排生产，如果这批订单需要组织生产，就会通知生产部，让他们确认所需的材料是否充足，若是数量不足，就必须与采购部门取得联系，安排采购；在安排订单送货之后再进行结算。这些业务流程环环相扣，每个环节都是公司运营和生产的关键，任何一个环节出了问题，都会影响到整个公司的运营。

公司内部报告系统能够为企业的经营决策提供一定的参考价值，所以必须定期地将销售报表发给管理人员。但是，如果太频繁的话，就会浪费管理人员的时间，如果过长的话，就会使管理人员错过一些营销方面的信息，从而影响公司的决策。而不同的产业，传送的频率也是不同的，相对来说，流通比较慢的产业可能需要更多的时间；快速周转的公司，必须定期汇报销售状况。

（二）营销情报系统

这是指向企业管理人员提供关于企业外部环境发展变化信息的程序和系统。它为企业中层管理者和高层决策层提供有关公司外部发展变化的资讯。企业的生存和发展都离不开外部环境，所以，企业的经营管理者和决策者必须掌握市场信息，才能做出正确的经营决策。因此，企业的营销情报系统主要作用是向管理者提供最新的市场信息，搜集企业进行市场营销的相关宏观环境和微观环境信息，便于管理者做出正确的决策。通常，企业的营销情报主要来源有下列几类。

①企业的销售人员。作为企业和外界联系最广泛的企业销售人员，既和渠道商、中间商有着紧密的接触，也和消费者有着紧密的接触，他们对于企业的产品、企业的目标消费群体及消费者都有着更加深刻的认识，因此企业的营销情报中，首要来源之一就是企业的销售人员。

②企业的中间商。作为生产企业，所生产的产品一般通过中间商进行销售，然后再由中间商卖到消费者的手中，因此他们也是直接接触到消费者的群体，这样他们就可以直接和顾客打交道了，而且他们的产品也不是来源于单一的公司，他们要面对的竞争对手也会越来越多，所以他们对市场的环境也会更加了解。企业可以与中间商建立起良好的关系网，并从中获取信息。

③消费者。市场营销过程中，目标消费群体的需求就是公司的机遇，客户需求的改变将决定公司的未来走向，企业可以通过走访客户等途径，了解客户的需求。所以，消费者在企业的营销情报系统中也很关键。

④市场研究公司。随着市场的不断发展，市场调研机构不断涌现，他们往往大范围地对消费者、中间商、零售商、制造企业等进行深入的调研，并且他们都是专业的市场调研人员，这些人所掌握的信息对企业的决策也是至关重要的。

⑤公开信息。除了以上这些，还有一些公共的渠道，比如政府、行业协会制定的法律法规、产业政策等。

（三）市场调研系统

企业的内部报告系统和营销情报系统的主要作用是搜集和传达企业的运营状况和市场环境。当所有的资料都被整理出来之后，就需要深入地分析，所以市场调研系统就应运而生了。为协助管理者做出行之有效的营销决策，市场调研系统透过系统设计、搜集、分析资料，并针对目前市场状况，进行相关的调查与分析。

市场发展趋势分析、产品市场占有率调查、销售预测调查、消费者偏好调查等方面，都与企业的营销活动有着密切的关系。虽然企业也可以从销售人员那里获取相关的信息,但由于经营成本和销售人员的限制,使得企业无法在全市场上获取相关的信息。通常情况下,大企业都会成立一个专业的市场调研小组来进行市场调查,大部分的中小企业都会将这些调查项目委托给专业的市场调研公司。

(四)营销分析系统

这是一个由决策者启动并操作的互动个性化的管理信息系统。其目标是改进管理、扩大市场份额、提高利润,而过程则是在对复杂的现象进行统计和分析后,建立一个科学的数学模型,以便从已有的资料中挖掘出更有价值的结果,从而使管理者能够做出更具科学性的决策。其运作要求计算机硬件和软件的支持,以协调资料收集、整理与分析。

在企业的营销分析系统中有两个主要的组成部分:统计技术和决策模型。统计技术是利用各种统计手段,从已有数据中获取有用信息的方法,如线性回归分析、相关分析、非线性回归分析、主成分分析、聚类分析等。而决策模型则是通过文字、图像、公式等手段,对物质、社会、经济现象进行量化的抽象和归纳,一般有选择目标市场模型、消费者行为模型、产品设计模型等。

随着科技的发展,企业收集信息的手段越来越多,然而,如何对这些信息进行有效的分析却是一个很大的问题。很多企业投资或研发诸如人工智能等的分析软件,把市场中的资讯转变成自己所需的、有用的信息,期望能够从海量的数据中获取有用的知识和资讯,从而做出正确的决策。

四、市场营销信息的存储

企业的市场营销信息系统中的信息经过内部报告系统、营销情报系统、市场调研系统和营销分析系统分析处理之后,会进入信息的存储阶段,暂时没有利用价值、暂时不使用的营销信息也会转入存储,这就有了信息分析处理之后的信息存储问题。

因此,大量的信息存储就需要有一定的技术做支撑,将企业的市场营销信息进行编码存储。还有一种就是现代社会中发展最快的数据库存储,数据库存储也是市场营销信息系统中发展最快的信息存储技术。企业将所生产销售的产品信息与目标消费者、潜在消费者的信息以模块的方式进行数据库存储,以方便企业市场营销管理者的查看及做决策。

从这些数据库信息中,可以精确地辨识出最具获利能力的细分市场、产品或服务,最具竞争力的产品或服务,让企业能根据最需要的产品、服务,与细分市场相匹配,获得最大的市场效益。

第二节　市场营销调研

一、市场营销调研的含义和作用

（一）市场营销调研的含义

市场营销调研是针对企业特定的营销问题，采用科学的研究方法，系统地、客观地收集、整理、分析、解释和沟通有关市场营销各方面的信息，为营销管理者制定、评估和改进营销决策提供依据。

营销是根据市场和顾客的需要进行的一种商业行为，它的出发点是对市场和顾客的正确理解和科学认识，并对其进行正确的把握。为了更好地理解和把握市场与消费者的真实状况，营销调研成为一个必不可少的基础。

（二）市场营销调研的作用

许多国外的成熟企业都建立了自己的市场调研机构和系统，认为在没有进行市场调研的情况下，企业难以做出市场决策。企业的市场调研部门，负责企业产品的调研、预测等工作，在企业生产的产品进入新市场之前，都要进行市场调研。市场调研费用虽然占销售额的一部分，但是却能给企业带来丰厚的回报。

1. 建立科学的营销计划

企业进行市场营销调研能够增强企业活力、促进企业进行营销活动。只有根据市场需求和市场环境的变化制定的营销策略才是真正科学的，脱离了市场营销调研的营销活动，就只能是一个主观意义上的空想。企业通过市场营销调研，可以为制定营销计划和营销策略提供可靠的依据，在营销计划执行的过程中又可以根据市场调研的资料不断地修正和调整营销活动。

2. 改善企业经营管理

企业进行市场营销调研还有利于改善企业经营管理，提高企业的经济效益。企业可以根据市场调研的资料分析研究产品的生命周期，确定产品营销策略，制定行之有效的营销方案。虽然企业生产的产品不止一种，但仍然需要根据市场来调整其生产工艺和管理理念，企业的产品就是要在保持原有特色的基础上不断地创新，以契合社会发展。

3. 开拓新的市场

市场营销调研，有利于企业开拓新的市场，发挥潜在的竞争优势。

二、市场营销调研的类型

市场营销调研依据不同的分类标准，可以分为不同的调研类型，如表 3-1 所示。

表 3-1　市场营销调研类型

分类依据	类型	调研内容	调研意义
调研内容不同	宏观数据调研	关于人口、经济、行业信息等宏观统计数据的调研	总体判断发展趋势，有利于企业的战略决策
	监测调研	对某种频繁发生行为的监测，如电视、电影收视率调研，超市监测调研	是对客观信息的调研，不能预示未来情况。
	专项调研	有特定目的、专门组织的统计调研	—
调研资料来源不同	一手调研	需要亲自发现的调研	—
	二手调研	在前人调研基础上的调研	—
产品不同	消费者市场调研	对消费者的消费行为调研	—
	产业市场调研	生产资料市场调研	满足生产性需要
流通环节不同	批发市场调研	供给生产加工或进一步转卖而出售商品的交易行为的调研	—
	零售市场调研	满足个人或社会集团生活消费的商品交易进行的调研	—
调研时间不同	定期调研	如企业的月末、季末、年终调研	满足市场和经营决策的需求
	不定期调研	经常性地进行市场调研	满足变化的市场需求

续表

分类依据	类型	调研内容	调研意义
调研方法不同	文案调研	利用企业内外部现有信息进行调研，可以通过查找相关信息资料、对资料进行分析等方法	
	实地调研	亲自对相关课题进行的调查，可以采取随机抽样得到相关数据	为个人实现科学论文提供数据支撑
调研组织方式不同	全面市场调研	对调研对象全面进行调研	了解全面市场信息
	非全面市场调研	对部分单位进行的调研，又可以分为典型、市场重点和市场抽样调研	—
调研设计不同	探测性调研	小规模的探索性调研	大问题化为小而准确的子问题，识别需要进一步的调研信息
	描述性调研	对于具体问题的市场信息的调研	描述不同消费者群体的差异
	因果性调研	因素改变引起的调研	识别变量之间的因果关系
	预测性调研	对未来市场进行调研	有机结合市场调研与预测

三、市场营销调研的内容

市场营销调研根据不同企业、不同调研要求，调研的内容也各不相同，但是企业进行市场营销调研都是围绕企业的营销活动进行的各种形式的调研，基本的市场营销调研包括如下的内容，如图 3-1 所示。

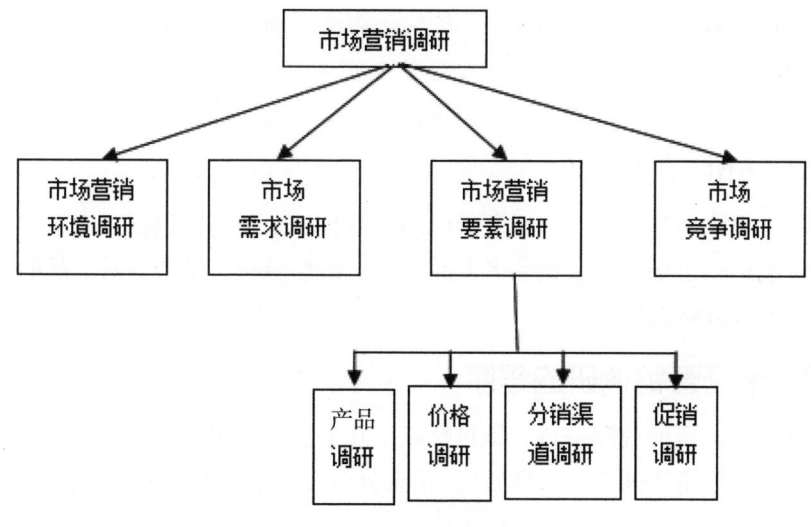

图 3-1 市场营销调研内容

（一）市场营销环境调研

市场营销环境调研涉及不同的环境要素，主要包括宏观市场和微观市场环境的调研。

宏观市场环境调研是对企业外部社会要素进行调研，包括经济、政治、自然、文化、法律、技术、人口等。

微观市场环境调研是指企业内部环境、中间商和供应商、竞争者和社会公众等企业可控制的因素。

（二）市场需求调研

这是对市场需求规模、特征及其变化规律进行的一种调研，它包括对实际需求的调研和对潜在需求的调研，前者是根据现有的需求结构、需求数量、需求特点而开展的一项调研，后者是对新的市场规模、需求特征、购买力因素进行的调研。

（三）市场营销要素调研

①产品调研。包括产品设计、开发、试验，现有产品的改善，产品的市场调研，产品的市场预测，产品的售后服务调研。

②价格调研。调研市场供需状况和变化趋势、影响价格变动的各种因素（商品成本、市场状况、销售），研究替代产品的价格。

③分销渠道调研。选取不同类型的代理商进行调研,对影响销售渠道的各要素进行调研。

④促销调研。对促销方法进行调研,例如,宣传效果等。

(四)市场竞争调研

市场竞争调研是为了了解竞争者的相关信息。主要内容包括:竞争者数量、生产经营能力、市场地位、竞争者产品信息、市场份额、消费者对产品的认知、竞争者的市场战略调研等。

四、市场营销调研的程序

市场营销调研的程序一般应该包括以下几个步骤:确定调研主题、设计调研方案、实施调研(信息收集、信息处理、信息分析)和提交调研报告,如图3-2所示。

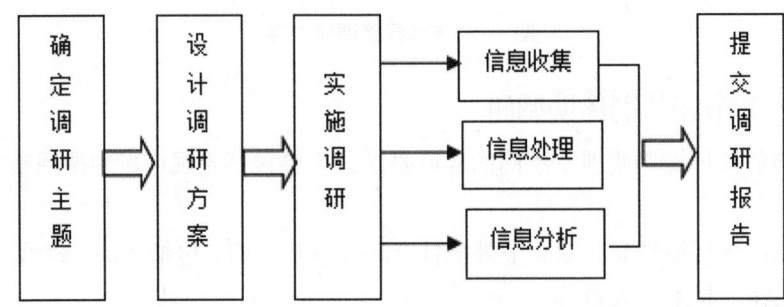

图 3-2 市场营销调研的程序

(一)确定调研主题

要确保市场营销调研工作的顺利进行,需要明确调研主题和调研目标,调研主题不能过于笼统,也不能过于狭窄,要充分利用有限的资源获取更多有效信息,也要确保全面的市场营销信息来源,确保具体化的调研内容。在明确调研主题的基础上制定本次调研的目标,保证调研的切实可行。

1.识别营销问题

所有的市场调研计划开始于对现有的市场问题或市场机遇的了解。市场需求的改变、企业目标的改变以及企业的资源等因素都是导致市场问题或市场机遇的重要因素。当这三个因素的关系不均衡的时候,就是市场的问题,而在这三个因素的平衡下,公司的竞争优势就是市场的机会。市场问题与机遇是一个现象的两部分,市场问题可以转变为市场机遇。

要准确地认识市场问题,首先要明确问题的表象与实质。比如,一个公司认为,他们所面对的市场问题就是在某个国家的销售出现了大幅下滑。其实,这只是一个现象,不是问题的本质。问题的本质在于产生某些现象,这些现象有:产品质量下降、国外代理商工作不力、市场竞争加剧、定价错误等。要找出市场问题,就需要加强与市场决策人员的交流。市场营销政策制定者最清楚公司的市场状况,尽管有时他们无法准确地指出他们面对的问题或者提供清晰的信息,但是交流肯定会帮助我们找出市场上的问题。要认识市场问题,就必须分析问题产生的背景。对问题进行背景分析,可以使我们更深入地了解问题,有时还能得到足够的资料。背景调查是一种探索性调查,通常采用文献检索、专家访谈等方式。

2. 明确调研主题

若仅从背景分析中得到的资料还不能很好地解决市场问题,那么就需要进一步的研究。为了进一步的研究,市场营销问题要转变为调研任务。调研工作大致可以分为三个层面:第一个层面是确定调研对象,确定调研题目(又称为调研问题),确定调研范围和调研内容;第二个层面是把调研问题列出来,把调研题目中的信息需求用问题的形式具体地表达出来;第三个层面是进行调研的设想,这是对调研问题的一个猜测,并且对每一个调研问题都有若干种设想。

(二)设计调研方案

1. 调研背景

调研应当首先概括导致调研的市场问题,并从市场调研的主题、问题和假设等方面提出。将这些要素纳入调研方案,主要目的在于让政策制定者和调研者就调研问题和搜集信息取得一致意见。

2. 调研方法

根据不同的调研主题、调研目标和调研背景,选取适合的调研方法。调研方法的选择可以分为战略性调研和战术性调研两个层次。

战略性调研的方式可以分为两类:探索性调研、描述性调研。探索性调研是一项以了解情况、了解问题为目标的调研活动,它是一项调研活动的先决条件;描述性调研旨在确定一种市场活动的现象,并寻找与该市场问题有关的因素。调研人员应当针对每个调研项目或每个调研阶段,选取一种具有战略意义的研究方法。

战术性调研是具体的、特定的调研方法。研究人员在制定调研策略时，要面对三个问题：收集哪些数据、怎样收集数据以及如何进行数据分析。在决定搜集何种资料时，调研者主要是决定所搜集资料的类别（记录性资料和因果资料）、来源（二手资料或原始资料）、性质（时点资料或时间资料）以及范围（公开资料或秘密资料）。在对数据进行分析时，调研者主要是决定数据整理的需求与方法，以及数据分析的技术与方法。

3. 调研日程和预算

企业在进行市场营销调研的过程中会受到时间、财力、人力等因素的限制。为了使企业的资源得到最大程度的使用，在调研方案中，需要对这些资源进行合理的分配。

调研人员在制定调研计划时要考虑以下几个问题：谁、什么时候、做什么。也就是说，调研计划包括三大要素：人员、时间和活动。调研计划通常是根据流程来安排的，可以通过流程图将调研活动的相关活动、时间、人员的分工等方面有机地结合在一起。

（三）实施调研

1. 信息收集

在实施调研阶段，首先要注意收集市场信息资料，由于调研总体数量非常的巨大，在调研项目中企业所掌握的资源却非常有限，因此在信息收集中会采用抽样调研而不是全面调研的方式。

2. 信息处理

对于调研中收集来的信息资料要进行整理、分析，才能将这些烦琐的信息转化成对企业营销决策有用的信息。

营销信息资料的处理是指各种调研所得的数据归纳为能反映总体特征的资料的过程。要反映总体的特征，就必须对大量分散、零星和有时显得片面的资料进行编校、分类、编码和归类制表，使之系统化、合理化，能作为进一步分析的依据。在整理营销信息资料时，对资料的处理方法有手工、机械和计算机三种，由于在营销调研中需要处理的数据量很大，所以用计算机来处理是目前最主要的一种方式。

3. 信息分析

对于信息资料的分析，在大数据背景下，数据可视化是一种数据分析手段，具有直观清晰、解释性强的特点。我们将集中的数据通过图形或者图像的形式表现出来，让用户通过图形或图像在已知的数据集合中总结出新的规律、发掘未知的信息。数据可视化技术的实质是以单个图元素的形式作为数据库中单个数据项的表达，而结构化的数据模型指导大量图元素汇集成为数据图像。由此，我们可以通过观察图表，直接理解到不同维度的数据表达，从而对其进行更加复杂或高级的分析。随着大数据时代的发展，我们进入了一个海量数据的数据池中，无论是数据的条目还是数据的维度都在呈现井喷式的增长。这时，大数据的分析变得复杂且耗时，在帮助人们理解数据上，可视化分析就显得尤为重要。在传统意义上，基于不同的信息传递方式，可视化分析可区别为两个方面来讲，一是探索性的可视化分析，二是解释性的可视化分析。探索性的可视化分析过程是指在数据分析的过程中，由于数据中蕴含的信息和规律是未知的，人们借助绘制图表的方式，能够快速地发现数据的特征、分布规律以及异常记录等，利用图像发掘数据中的信息。解释性的可视化分析是指人们将已知的信息或规律通过合适的图形方法以便于理解的形态展示给用户。信息可视化技术根据其特征表现分类为维度信息、层次信息、网络信息和时序信息的可视化，其中维度信息又可以从一维到多维进行详细分类。研究者们将数据主要分为如下几类，如文本数据、网络或图数据、时空数据以及多维数据等。这些数据类型支撑着可视化分析在人类社会各个领域中的广泛应用，如互联网、社交网络、地理信息系统、企业商业智能、社会公共服务等。当前，国内信息可视化仍有广阔的研究和应用空间，但企业数字化转型的浪潮促进企业在营销中也要开展更多大数据分析和可视化的研究与实践。无论是行业龙头企业还是中小型企业，都已经在本地或云上积累了海量的数据资源。此时正是进一步深化发展企业的数据可视化研究与应用的良好时机。

数据可视化分析不仅是数据分析过程中的重要参考工具，更是一个完整数据分析项目中面向用户的最后一步。在商业数据分析过程中，一般地，我们将可视化分析分为四个方面，分别为描述性分析（Descriptive Analytics）、诊断性分析（Diagnostic Analytics）、预测性分析（Predictive Analytics）和决策性分析（Prescriptive Analytics）。描述性分析是最常见的可视化分析形式，它通过对历史数据的归纳总结和实时数据的更新向人们描述过去发生了什么。描述性分析的主要目的是帮助组织提高信息理解效率并从历史数据中发现获得成功或失败的影响因素。整个过去的时间序列都是描述性分析的数据来源，任何特定的时间点和事件都可以使用描述性分析。描述性分析过程中的属性获取一般使用常见的统计方法，如最大值、最小值、平均值、方差等，这些都可通过调用数据库中的聚合函数来实现。诊断性分析在描述性分析的基础上用于识别异常。诊断性分析一般需要大量的数据积累，以便于灵活地查验数据。在可视化环节，诊断性分析一般为使用者提供深入调查各个数据子集中的异常。预测性分析是指基于历史数据的模式或趋势来对未来的情况进行预测，在可视化过程中通常将预测结果可视化，在一些研究中也会将预测过程进行可视化展示，以便于读者理解模型。通过预测性分析，企业或组织可以识别出当下的行为模式和未来的发展趋势，并为此做出有效的计划，进行成本优化和收益扩展，而可视化会辅助决策过程变得更加明确和高效。决策性分析是预测性分析的后续步骤，也是展望未来的工作目标。基于预测结果提出可能的决策方案推荐，可以有效地指导组织的关键业务指标得到最佳收益。在现实中，决策性分析过程十分复杂，涉及了组织内外部的数据和业务规则。如果实施得当，决策性分析将会对大中型企业的供应链管理、业务增长以及客户管理等方面产生极大的推动作用。

营销信息资料的分析还可以运用各种定量方法对调研所得的信息资料进行处理、加工，使之成为能满足营销决策需要的信息。营销调研人员一般应该先利用各种单变量检验方法进行统计检验，然后再利用各种双变量或多变量分析技术进行更深入的分析。常用的营销信息资料的分析方法有参数检验、非参数检验和实验变量的方差分析等。

（四）提交调研报告

市场调研的最后一步是在调研的基础上编写调研报告，为企业管理层提供决策依据。调研报告中必须就市场问题给出建议或总结。在编写报告时，应充分考虑读者的需求和便利，并使其简洁、具有说服力。

调研报告可以分为通俗型和技术型两类。通俗型报告是为公司的中高层管理者准备的，它的文字和图形比较形象，尽量避免使用抽象的、晦涩的、难懂的技术语言。技术型报告的读者多为职业人士，所以可以采用技术语言，但是所提供的数据资料和证据必须足够可靠。

五、市场营销调研的方法

在市场营销调研中，要获得准确的市场营销信息，调研者需要对市场营销调研方法和技术进行研究。这就要求市场营销调研人员在调研设计、抽样设计、营销信息采集、营销数据分析和数据处理等各个环节中，严格遵循科学的调研规律，采用科学的市场营销调研方法。

（一）资料采集方法

市场调研数据采集的方法多种多样，但其特点、适用条件、成本和数据的收集方式都不一样。在进行市场调研时，应注意区分不同调研方式的异同点，并根据调研对象的特点，选取最适合的数据收集方式。

1. 访问法

以问询的方式进行调研，以访谈、电话或书面形式获得所需信息。访问法按调研对象的不同分为四类：人员访问、电话访问、邮寄访问、网上访问。

2. 观察法

这是一种通过调研人员直接到调研现场进行观察或用仪器进行记录的一种方法。观察法一般不会直接询问被调研人员，而是从侧面观察或用仪器记录现场发生的事实，使被调研人员感到自己不是在被调研，因而能够获得更加客观的第一手资料。例如，当公共汽车公司经理了解到公共汽车的服务品质后，可以扮作旅客，进行公共交通的观察。该方法最大的优势是能够对现象、行为进行现场观测，获得原始而真实的数据，而且操作简单、灵活。观察法的弊端在于调研的结果只是一些浅显的行为，而不能深入地理解行动的动机。所以，调研者往往把观察法和其他的研究方法相结合。

3. 实验法

通过实验对比来取得市场调研资料的一种方法。一般是从影响调研问题的许多因素中选出一个至若干个因素，并将其置于一定条件下进行小规模的实验，然后对实验结果进行分析比较，研究其发展趋势。实验方法的适用面很广，任何一种产品或商品，其质量、包装、设计、价格、广告宣传、陈列方式等方面的变化，都可以采用实验方法。为了了解和研究某种商品的包装因素对销量的影响，就必须在一定的区域内，将新的和旧的产品放到市场上，做一个比较，看看它的销量和顾客的反应。其他如试用、试销、展销等也都是实验法的具体应用。该方法具有测量结果可靠、避免主观判断误差的优越性。其弊端在于难以把握市场中各种变量的变动状况，从而对结果的评估产生一定的影响。

4. 投射法

投射是指个体在无意识的情况下，将自己的思想、态度、愿望、情绪或特征等，对外部的事情或别人做出反应。给被测者一个相对模糊的刺激，让他们自由发挥，并对他们的反应进行分析，从而推测出他们的性格特点。有些时候，人们

市场营销与管理研究

会隐藏自己的真实态度和动机,而有些时候,他们对自己的动机也不清楚,往往会得出不客观、不真实的答案。投射法运用到市场调研中是在调研中了解目标消费群体对企业的产品的态度,也要了解消费者的购买动机。

5.其他方法

除了上述的资料采集方法之外,焦点小组法是训练有素的主持人以非结构化的自然方式引导 小群调研对象进行的访谈;深度访问法是一种无结构访问,即事先不拟定问卷、访问提纲或访问的标准程序的自由交谈。

(二)抽样调研方法

一般情况下,市场调研的方法主要有普查和抽样调研两种。

普查是对所有调研对象逐一进行调研。从理论上说,该调研结果更加准确和全面。只是,这样的调研方法,需要大量的调研者,耗时更久,成本更高,对于普通企业来说,是难以承担的。因此,在进行市场调研时,经常会采取抽样调研的方式。

抽样调研,是指根据调研对象的整体特征,根据一定的规律和方法,选取几个人进行调研,并根据个人的特征,推测出整体的特征。一般来说,当样本的容量较大时,样本的性质与整体特征愈相近,取样检验的错误愈少。因此,在进行抽样调研时,要合理地选择样本数量。抽样调研的方法分为随机抽样和非随机抽样两种。在随机抽样中,每个人都有平等的机会,因为随机抽样可以排除人们的自觉选择,抽取的样品具有较好的代表性。非随机取样是按照调研的目标和要求,选择合适的样本,并不是每个人都有被选中的机会。

(三)问卷设计方法

它主要采用问卷调研的形式,通过询问被调研者获得所需要的资料。该方法主要是通过口头、电话和书面的形式,搜集数据。该方法具有确保调研结果客观、易于统计、省时、省钱等特点。但其不足之处在于调研的适用范围有限,数据的可信性和有效性存在问题,而且调研的回收率也很难保证。不管是口头的、电话的还是书面的,设计一份调研问卷对于访问的成败至关重要。由于调研员与被调研者之间有中介,其设计的科学性、合理性将会对调研的回收率产生影响,并对数据的真实性和实用性产生一定的影响。一个完美的调研表,应该有两种作用:一是向被调研者传递问题,二是让被调研者愿意回答。要达到这两大职能,调研问卷的设计必须遵循一些基本的程序。

问卷调研的编制步骤如下：

①要清楚地了解设计的主体。也就是说，要根据调研的目的、要求和问题的覆盖面来确定研究课题，问题要明确反映调研目标。②设计调研问卷的初稿。在此阶段，要注意提问的数量、提问方式、回答的设置等技巧问题。③做实验式的答案。将初步设计的调研问卷寄给个别单位或个人进行测试，以检验问卷设计中的问题及缺陷，并加以修正、补充，确保调研问卷的品质。④制定一份正式的调研问卷。将答案中的问题逐项汇总、分析、研究，并在必要时对问卷的初稿进行修正、补充，以达到准确、合理、完善的目的。

问卷设计的原则如下：①根据调研目的设计问句；②简明扼要、重点突出；③问卷内容要上下衔接，层次分明；④问卷用词要明确、具体、清楚、无歧义；⑤所提问题必须是被调研者有能力并愿意回答的问题；⑥问题数量要得当，避免答卷耗费时间过长；⑦注意问题的排列顺序、问卷的形式。

问卷的设计形式一般由说明词、正文和附注三部分构成。说明词包括调研的内容、目标、要点及相关问题的说明；正文部分要有一系列的问题；最后还要对有必要进行补充说明的事项进行补充，即附注。

第三节 市场营销预测

一、市场营销预测的内容与类型

（一）市场营销预测的内容

市场营销预测是对市场发展的未来状况的预测，由于市场的发展变化会受到多方面因素的影响，并且是这些因素共同作用的结果，所以，市场营销预测的内容相当广泛，一般市场营销预测的内容包含以下几个方面。

1. 市场供给的预测

对市场供给的预测，是对未来市场消费者选择的产品供给预测，主要包括预测生产企业的数量及生产能力的状况、预测宏观决策对供给的影响等方面。通过预测可以决定未来产品的供给量，这就需要了解生产企业及所属行业或部门的发展规划，国家、地方及企业在扩大再生产方面投资的情况和从投资到生产的时间长短等一系列的因素，还要了解各级经济领导部门为了保证市场供需平衡和经济结构的合理而制定的控制经济发展的决策,这些发展规划和决策对产品未来的供给都会有影响。

2. 市场需求的预测

市场需求的发展变化是市场营销预测的最主要内容。各级经济领导部门预测他们所管辖范围内总体需求的变化趋势或需求量;生产企业预测本企业产品的销售变化趋势或销售量。由于影响市场需求变化的许多因素本身也是在不断发展变化的,因此,为预测市场需求的变化,常常需要对一些影响因素的变化也加以预测。

(1)市场需求预测的影响因素

市场需求预测的影响因素有以下三个方面。

①社会商品购买力的变化。购买能力是决定消费者实际购买的主要因素。对购买能力进行市场营销预测应注意以下三点。①社会集团购买力。社会集团可用于生产或工作的资金的数量变化会影响他们对生产资料的需求。社会集团购买力一方面取决于它们拥有资金的数量,另一方面还取决于国家政策对使用资金的控制程度。②消费者的购买力。消费者购买力的变化,直接影响他们对消费品需求的数量,也直接影响对一部分生产资料的需求数量。③购买力的转移。购买力的转移是影响局部地区或部门产品市场需求变化不可忽视的因素。

②产品销售的变化。产品销售领域的变化常常会使市场需求发生较大的变化,主要体现在消费者构成、市场区域和试用普及三个方面。消费者构成是指使用产品的用户种类,由于各种因素的影响,产品的消费者构成会发生变化。例如,电冰箱、洗衣机、空调设备等产品原来作为生产资料被医院、宾馆和洗染店等社会集团购买,现在家庭已经成了这些产品的主要用户。我国经济体制改革和对外开放政策,使得产品的销售区域实现全球化,企业产品的市场区域有可能扩大,也可能缩小。绝大多数产品的销售发展过程都有一个从试用到普及的扩大过程。当新产品刚投入市场或产品进入新地区市场时,由于它的"新",消费者对它不熟悉,大多数消费者会采取"看"的态度,但总有少数消费者会采取试一试的行动。经过试用,一旦发现该产品具有优越性之后,消费者数量就会增加,使产品的销售从试用进入普及阶段。

③社会的消费结构与消费者消费倾向的变化。社会的消费结构变化,即社会购买力投向的比例变化。它可以反映社会总体需求的变化趋势,对有关经济领导部门进行宏观经济控制决策具有重要的参考价值。消费者消费倾向的变化,直接影响企业产品的生产。例如,人们在选择商品时,已从注重耐用、价廉逐渐转向

讲究外形、花色的新颖时髦和使用方便等方面,促使企业改变产品生产。除此之外,影响消费者消费倾向变化的因素还有社会科学技术的进步、消费者心理因素等。

(2)市场需求预测指标选取原则

选取合适的多维特征预测体系是准确预测市场需求的关键。为了保证供应链中商品需求预测的合理性及其结果的精确性和稳定性,在进行指标选取时必须遵循相关的原则。

①特征相关性原则。可以通过选取与目标变量密切相关的特征变量来预测市场需求。理论上,要选取的影响市场需求的因素需要与预测目标变量之间存在较强的相关性,特征指标与市场需求量的相关性越强,模型预测结果的可靠性越高。基于定性和定量分析原则,建立市场需求预测模型,使相关特征指标与市场需求变量相结合,进行模型改进后,发现影响市场需求预测的主要因素,选择与市场需求相关性较高的特征指标。

②独立性原则。当构建特征指标体系时,选择的某些指标所反映的数据信息类似,则这些指标特征会存在显著相关性,此时需要考虑特征降维处理。指标体系之间应具有相对独立性,并有其自身独立的状态和内部特征。同时,指标之间的相关性代表了整个模型中组织结构和指标之间的相互作用,指标特征体系中应包含能反映各指标间以及同一指标内部不同主题之间相互协调的指标。

③重要性与可量化原则。多维特征指标应该能够反映目标变量的变化规律,是能够反映研究目的、现状及变化特征的指标。由于市场的需求变换受到多种环境因素影响,且这些特征指标是具体、可测量的,因此这些因素都属于定量指标。当系统在选择市场需求预测特征指标时,必须选择能够充分反映市场运作全过程的因素,对于一些难以获得或缺乏统计资料的指标数据需要以现状为主要依据,选择能够顺利量化的指标和完整的统计记录来辅助分析市场需求的发展,突出指标的可操作性。

④时效性原则。供应链系统的运作过程一直是不断动态变化的,在物流发展的不同阶段,商品的季节性、交易情况和市场环境对市场需求的影响程度有所差异。这一影响因素决定了模型的构建无法利用时间跨度较大的历史统计数据进行市场需求预测建模。因此,在选择相关特征指标时,应采用近期的相关指标数据进行建模分析和预测,同时,为了使预测结果的误差尽可能降低,预测模型的预测时间不宜过长。

(3)市场需求预测指标的确定

市场需求多维特征指标基本包含了三个大的维度。

①产品信息维度。各个类别的产品属性包含产品季节属性、品牌ID、产品售价,对于真实的产品销售,产品的自身属性可供客户自由选择,产品的分类概念和层次是根据商品的种类和它的质量来进行分层次的划分,提高用户商品搜索的效率和精度,根据类别和属性缩小搜索范围。产品的季节属性要求商品根据市场需求的规律性波动预测需求量,因为产品的季节性需求具有规律性的波动。而产品的品牌ID、售价等因素则是客户选择商品的重要依据,可以显示出产品的受欢迎程度,影响本产品市场需求量的大小变动。

②客户信息维度。客户信息包括客户行为、用户级别、产品偏好、点击量、购买数量、加购数量和收藏数量。其中客户行为是指客户为获取、使用、处置自己购买的物品或服务所采取的各种行动,也是为了获取和处理他们所购买的商品或服务而做出决策的各种行为。因为客户的行为与产品或服务的关系紧密,客户行为也是构建产品需求预测模型的重要特征指标。因此,销售方要专门针对这些能够影响客户消费选择的特征要素,了解特定客户群体的行为,对其进行分析,这提供了一个样本来说明人们将如何对产品以及他们认为最有价值的元素做出反应。客户的信息将有利于预测供应链中特定商品的需求数量。

③产品交易数据维度。产品交易数据包含产品的在售天数、销售时间、每日产品销量、吊牌价格、促销价、促销日期、活动周期和平台活动时间;产品在平台交易市场上的售价变化,以及产品历史特征、整体活动特征以及时间序列特征,还有产品的每周销量与所占品类的比例、产品折扣力度等,主要基于产品近期销量的变化来构造特征指标。产品交易数据是市场需求的直接影响因素,因此产品交易数据维度也是数据样本中的重要特征维度。

3. 产品生命周期预测

产品生命周期预测是企业制订产品经营计划的重要依据,是企业市场营销预测的重点,占有重要地位。产品生命周期预测主要包括产品销售生命周期和产品的更新换代。

预测产品销售生命周期发展的变化,不论是对各级经济领导部门从宏观角度控制生产与需求,还是对企业制定生产与销售决策,都有着重要的参考价值。

社会的发展,要求企业提供性能更好、结构更合理、与社会进步相适应的产品。预测产品更新换代应包括:换代产品的品种和进行更新换代的时机。影响前者的因素主要是科学技术水平的发展、社会需求的发展趋向以及先进国家和地区产品的先例,影响后者的因素主要是新产品的试销效果、与老产品相比的竞争能力,还有消费者需求的状况等。

4. 价格变化趋势预测

对市场价格变化趋势进行预测，有助于企业进行合理的价格决策。对企业来说，价格变化会影响企业产品成本、销售量和经济收益，也是企业进行市场竞争的一种方法。因此，预测价格变化及其影响对企业进行市场决策同样是重要的。

5. 市场竞争发展预测

市场竞争发展预测必须同时考虑如下三方面的情况。

①本企业的市场竞争能力，包括产品的质量、价格、外观，也包括产品售前售后服务、营销措施所能收到的竞争效果、企业及产品在消费者中的信誉等，同时也要考虑上述各种因素的改进与变化情况。

②竞争企业的竞争能力，包括竞争企业数量与产量的变化，主要指产品质量、价格、外观以及产品服务、竞争策略的变化。

③国家或有关部门组织的产品评比活动对竞争的发展趋势会有一定的影响，在评比中获奖或名列前茅的产品无疑会在竞争中处于优势地位。

除了上述市场营销预测的内容外，对意外事件的预测也是市场营销预测的内容之一，意外事件是指有关经济领导部门或企业在制定市场决策计划过程中不能预料到或难以想到的事件。这些事件的发生会打乱正常的经济秩序，使市场的发展脱离原来所预测的轨道。

（二）市场营销预测的分类

市场营销预测根据不同的分类标准，可以分为不同的类型，如表3-2所示。

表3-2 市场营销预测的分类

分类标准	分类	内容及特点
预测内容	单一商品预测	单一商品生产数量、需求量、质量等的预测 预测具体，针对性极强
	分类商品预测	某类商品的预测（需求结构） 合理组织企业生产和销售
	商品总量预测	商品生产总量、需求总量及购买力总量的预测 商品供需平衡发展

续表

分类标准	分类	内容及特点
预测时间	短期市场预测	一年之内的预测，预测及时、准确
	中期市场预测	一年以上、五年以下的预测 预测可信度高、预见性强
	长期市场预测	五年以上的预测 对商品生产和销售长期经营进行预测
预测性质	定性市场预测	对预测对象的性质做出判断分析
	定量市场预测	对预测对象的数量关系做出分析判断
	定性和定量结合市场预测	市场供求变化趋势、基本的数量界线的预测

（三）市场营销预测的意义

市场营销预测在国家宏观经济管理、企业经营管理中都有着重要作用，通过市场营销预测，可以预见未来一定时期内消费者对各类商品的市场需求量，预测消费者对各种商品的具体需求，为企业确定经营方向提供依据；预测未来一定时期内某一类商品的供求状况，还可以预见同类产品竞争对手的供货趋向，以便做出正确的营销决策；预测商品的未来销售情况，如商品价格、商品生命周期、市场占有率等，以便企业做出正确的营销决策；预测消费需求倾向的变化趋势和消费心理的变化趋势，为企业确定进入某一个行业、决定生产具体商品提供依据；预测与企业有关的宏观环境的变化趋势，为企业制定有针对性的适应和利用环境的措施提供依据。

总之，市场预测能满足社会合理生产，促进消费者合理消费需求，同时提高国家经济发展水平，对于增强社会发展规划和政策的科学性、提高企业经营决策水平、提高企业的经营效益有着重要的影响。

二、市场营销预测的步骤

（一）确定预测目标

进行市场营销预测研究的前提是明确市场营销的预测目标，有必要收集有针对性的信息，为确定后续市场营销预测目标的分析对象和分析内容做好准备。同时市场营销预测目标需要确定研究目标的可实施性，能够切合实际，做出定量或定性分析才能顺利开展预测活动。

（二）确定预测内容

根据确定的市场营销预测目标找出影响市场需求的因素，进行初步的分析，其中包括季节性因素、周期性因素、促销因素等。而预测的内容之一就是需要确定其中的各个特征指标因素与市场需求的潜在关联，并结合适当的预测技术，计算、分析出对所选定的预测目标有着重要影响的特征指标。

（三）选择预测方法

在确定市场营销预测目标和预测内容之后，要选择适合本次营销预测的预测方法。市场营销预测的方法很多，各种预测方法都有自己的适应范围和局限性，为了保证市场营销预测有正确的预测值，要科学合理、正确地选择预测方法。常用的预测方法分为定性和定量分析，本质上分别是经验判断法和数学模型法。经验判断法是根据统计资料，依靠预测人的专业知识和经验，进行人工分析，做出精确预测。这种方法常用于在缺乏统计资料，且对实验结果的精确度要求不高的情况；而数学模型法，例如时间序列模型和相关性分析法等，这种预测方法比经验判断法更准确。

不同的预测目的，要选择不同的方法。例如，为了分析和辨明两种相关联产品之间的内在联系及需求量的联系，可以运用相关性分析法。

短期的销售预测，一般采用各种移动平均法、指数平滑法；中、长期预测一般要采用直线或曲线趋势法。另外，中、长期预测一般要有三年以上的统计资料，如果历史统计资料比较丰富和完整，可以运用各种统计方法进行预测；如果历史统计资料不完整，一般只适宜采用主观经验判断法、销售人员集合意见法、德尔菲法等。

产品生命周期的不同阶段，有不同的市场特性，市场经营决策的目标也不同。因此，要采用不同的预测方法。

（四）提出预测模型

预测模型是对预测对象发展规律的近似模拟。因此，在资料的搜集和处理阶段，应搜集到足够的可供建立模型的资料，并采用一定的方法加以处理，尽量使它们能够反映出预测对象未来发展的规律，然后利用选定的预测技术确定或建立可用于预测的模型。如用数学模型法，则需确定模型的形式并求出模型的参数；

如用概率分析法，则要确定预测对象发展的各种可能结果的概率分布；如用类推法，则要找到可以应用于本预测的历史的或他人的经验规律等。

（五）编写预测报告

经过预测之后，要及时编写预测报告。报告要把历史和现状结合起来进行比较，既要进行定性分析，又要进行定量分析，尽可能利用统计图表及数学方法予以精确表述。要做到数据真实准确，论证充分可靠，建议切实可行。实验以目标变量为基础，利用实验统计的资料，按照构建预测方法，进行定性或定量分析，找出潜在关联信息，并精确预测未来的市场需求变化。然后，还要对预测的结果进行判断、评价，重点要进行预测误差分析。当根据实际的资料来预测未来需求时，其中的误差是不可避免的。误差的大小能够反映模型预测的准确性，如果预测的误差过大，预测结果就会与事实相差太大。根据特征的影响权重对实验中可能出现的误差进行分析，验证预测技术的合理性。因此，要尽快将预测的误差值降到最低。

除了应列出预测结果之外，预测报告一般还应包括资料搜集与处理过程、选用的预测技术、建立的预测模型及对模型的评价与检验、对未来条件的分析、对预测结果的分析与评价以及其他需要说明的问题等。

三、市场营销预测的方法

市场营销预测方法可以分为定性预测法和定量预测法两大类。

（一）定性预测法

定性预测法的原理是根据销售经理、市场专家等行业内人士的经验，通过分析现有的销售数据，根据市场动向做出主观的判断，然后通过反馈交流不断修改意见，最终形成全面的市场评估解决方案，从而掌握市场的特点和趋势。

尽管定性预测法灵活、简单，且能够充分发挥人的主观能动性，但是，这也导致了预测的准确性基本完全由决策者的水平决定，不同的数据分析人员可能得到截然不同的预测结果，这对企业来说，是极为不利的。

定性预测法适用范围广，运用灵活，存在预测准确率低的问题，适用于企业缺少产品历史数据或者发布新产品无过去数据这两种情况，对此只能采取定性预测法，对产品未来发展趋势做出预测。定性预测法的应用特点如表3-3所示。

表 3-3 定性预测法的应用特点

方法	说明	预测期
德尔菲法	是具有专业知识的人的经验判断，选择合适的专家是关键，预测速度快、费用低，可以获取多位不同专家意见，适用于缺乏历史数据的产品和新产品	中长期预测
专家会议法	将有知识和经验的人组成专业小组互相讨论和启发，集思广益，得出预测结果，心理因素影响大	中长期预测
市场调查法	通过收集消费者意见分析市场变化，市场调查工作量大，花费时间和成本较高	中长期预测
经理评判预测法	企业中的业务主管开展的预测，不需要大量资料，快捷、实用，预测的主观因素多	中短期预测
销售人员预测法	企业销售趋势的预测，预测有一定的参考价值，预测带有局限性	中短期预测

（二）定量预测法

定量预测法的原理是选择合适的数学方法来对历史数据进行分析处理，发掘众多变量之间的相关性，从而实现预测效果。

定量分析是在客观历史数据的基础上，根据实际资料，从数学计算的角度去处理的，可以避免主观因素造成的影响。在计算过程中，可以使用现代化的计算方法，提高分析预测的效率。然而，定量分析的前提是高质量的历史数据，分析过程较为固定，这使得定量预测法的使用不具有灵活性。

定量预测法在定性预测法的基础上，增加量的界限，有利于企业做出更加客观的决策，主要包括时间序列预测法（移动平均法、指数平滑法、灰色预测法等）和因果关系预测法（回归分析法）。定量预测法运用数学方法和模型对历史数据进行分析来预测产品未来发展趋势，预测方法非常多，有简单的也有复杂的，并不是复杂的模型精度就高，要根据预测产品特点和实际情况选择适用的方法。

1. 时间序列预测法

时间序列预测法中常用的方法如表 3-4 所示。

表3-4 时间序列预测法

方法	说明	预测期
移动平均法	取近期数据的平均值预测未来一期或几期产品需求量，需要大量数据支持，可以平滑数据波动。适用于不会快速增长或者下降的需求，没有季节性因素的数据预测。可以分为简单移动平均法和加权移动平均法	短期
指数平滑法	赋予近期数据较大权值，加强近期数据对未来趋势预测的影响。适用于数据量较少、数据无明显趋势变化的产品需求预测。根据平滑次数不同可以分为一次指数平滑法、二次指数平滑法、三次指数平滑法等	中短期
灰色预测法	是一种含有不确定因素的系统预测方法，根据过去的及现在已知的或非确定的信息建立灰色模型预测未来发展趋势，可以从杂乱无章、有限的、离散的数据中找出规律进行需求预测	中短期

（1）移动平均法

移动平均法是一种利用历史数据的平均值来预测未来时期需求量的方法。移动平均法适用于需求不会有明显的波动，不受季节因素影响的数据，对于数据中的随机波动值，该方法可以有效地将其消除。移动平均法根据其预测时各历史时期所取权重不同，可以划分为简单移动平均法和加权移动平均法。

移动平均法非常简单、方便快捷预测未来需求趋势，根据各项时间序列的历史实际值，进行平均值计算，当时间序列随机波动时，运用移动平均法预测未来数据可以消除这种波动影响，使数据显示出本来的发展趋势，并根据此趋势预测下一期或者未来几期的需求。其计算公式如下。

$$F_t = \frac{A_{t-1} + A_{t-2} + A_{t-3} + ... + A_{t-n}}{n}$$

式中，F_t表示第t期数据预测值，A_{t-1}，A_{t-2}，A_{t-3}...A_{t-n}为过去n期的实际值，其中A_{t-1}为最近一期的实际值，A_{t-n}是过去第n期的实际值。影响简单移动平均法需求预测值的是n的值。

简单移动平均法虽然简单，但是有几个缺点：n值的大小会影响移动平均法预测数据的准确度，增大n的值时，虽然会使得平滑效果更好，但也会造成预测值对实际变动不敏感。移动平均法不能总是很好地反映出未来趋势，因为该方法预测未来趋势总是依据过去的数据，当未来市场变化，需求有所波动，该方法不能准确预测出这种趋势。移动平均法的使用需要大量历史数据，这对于那些新产品或只有几期历史数据的产品来说是不合适的。

综上所述，移动平均法的适用情况是：拥有大量历史数据，需求不会猛增或猛减，不受季节因素影响的产品的未来趋势预测。

（2）指数平滑法

移动平均法是建立在大量历史数据基础上实现的，但是在大多数的预测过程中，近期的数据往往比过去很久的数据重要。指数平滑法只需要上一期的真实值和预测值、加权系数的值便可以预测下一期的需求。决定指数平滑法预测准确度的便是加权系数的值。

指数平滑法是由美国经济学家罗伯特·布朗提出的，他在研究中表明时间序列的走势并不是杂乱无章的，而是具规律性和稳定性的，那么时间序列便能以科学合理的形式继续推延；他指出最近的过去态势中，某种程度上会一直持续到最近的未来，所以应该将较大的权数放置在最近的数据中。

指数平滑法经常被用在预测销售量、订货量中，它可以通过预测未来销量来指导企业下达生产计划或者制订订货计划，通过给历史数据赋予权重，过去实际值和预测值都有一个权重，这种方法将离现在较远的数据影响逐渐减弱。指数平滑法按平滑次数不同，可分为一次指数平滑、二次指数平滑、三次指数平滑法等。

（3）灰色预测法

灰色预测法通过将数据关联分析，鉴别各要素发展趋势，观察它们的相异程度，通过灰色生成原始数据找到引起数据变动的规律，从而得到强规律性的结果，接着建立相应的模型，预测产品未来需求变化趋势。

灰色系统理论认为，数据之间必定蕴含某种内在规律，关键在于如何去发现这样的一个规律。灰色生成就是为了从灰色序列中找出内在的规律，从而能判断事物的发展趋势。常用的灰色生成法有：累加生成、累减生成和加权累加生成。常用的是累加生成法。

2. 因果关系预测法

不同于时间序列预测法，因果关系预测法要求预测指标之间具有因果关系，要搞清楚引起结果变化的具体原因，确定因果之间的数量关系，根据各种引起结果变化的可能原因和可能结果进行预测。因此，因果关系预测可以把预测变量的变化看作其他变量的结果，首先找到市场营销中预测变量变动的原因，对引起变动的变量进行度量或估计其变化范围，进而确定因果变量之间的相互关系，利用合适的预测方法计算出预测变量的预测值。

回归分析用于讨论各个变量之间的因果关系，当多种变量之间所存在的因果并不明确时，回归分析能找到合适的函数间的关系表达式，从而明确变量间的关系。

回归分析法是一种最常用的因果关系预测法。回归分析法的基本步骤如下。

①测定各变量间的关联性。运用回归分析方法进行预测，首先要根据经济理论、专业知识和实际工作经验，从定性的观点来判断各变量间的关联性，并根据相关系数确定各变量间是否有一定的关联性。

②判断哪些是因变量，哪些是自变量。当对有因果关系的变量进行回归分析时，必须找出因果关系的原因、结果，一般情况下自变量是原因，因变量是结果。

③选取适当的回归模型。有许多不同的回归模型，它们的关系可以线性或非线性，很多要求函数仍然是对数形式的。所以，在进行预测时，必须依据观测资料所反映的各种因素的变化规律，选取合适的、合理的模型。为确保所选取的预测模型的可信度，必须搜集足够的观测数据，以确保所选取的预测模型的可信度。一般情况下，要想得到理想的预测效果，必须为每一个自变量和因变量提供20个观测值。

④测试预测模型。通过对任意一组观测资料的分析，可以通过最小二乘公式求出一个回归方程。然而，要用所得的回归方程进行预测，就必须使回归方程具有一定的实际意义。因此，在进行回归分析时，需要先检验各变量间的依赖关系是否紧密，然后再进行预测。

⑤采用回归方程直接进行预测，并能合理地解释预测的结果。

第四章 市场及其购买行为

随着我国科学技术与经济的快速发展,人们的收入和生活水平日益提高,消费升级导致消费者追求更高的品质。在此基础上,市场及其购买行为愈加受到重视。本章分为消费者市场及其购买行为、组织市场及其购买行为、服务市场及其购买行为三部分。

第一节 消费者市场及其购买行为

一、消费者市场概述

(一)消费者市场的概念

消费者市场是指消费者个人或家庭,为了满足生活需要而购买商品或服务所形成的消费需求和消费群体。消费者市场是现代市场营销学研究的主要对象,是一切市场的基础,是最终起决定作用的市场。

(二)消费者市场的特点

受主观和客观等因素的影响,消费者的需求呈现出多样化,但是从总体上看,各种需求之间又呈现出某些共性、一般特性,即消费者市场需求的特点。这些特点主要表现在以下几个方面:①购买次数多,一次购买量少;②需求差异大;③需求复杂多变;④需求可诱导;⑤非营利性。

二、消费者心理

(一)注意心理

注意力经济的思想根源为诺贝尔奖获得者西蒙提出的"信息的丰富导致了注意力的贫乏"。在此基础上,心理学家沃伦·桑盖特在1990年首次使用"注意力经济"的概念。美国学者高德哈伯认为网络时代是一个注意力经济时代,他提出了"注意力货币"的概念。他认为,在网络空间中,"被关注是有价值的,注意力是'硬通货',传统的货币终究会让位于注意力货币"。

相较之下,注意力经济学家乔治·法兰克在其书《注意力经济》中认为,物质产品的丰富导致人们对荣誉和精英地位的追求,并成为新的欲望中心,其强度超越了人们对金钱的欲望。注意力经济的道德基础是虚荣,而虚荣是经济进步的动力。

随着互联网技术与网络社交媒介的普及化,与传统经济学中"人是自私理性"的假设相反的是,网络社会中,人愿意提供免费的信息和服务,这是传统经济学难以解释的现象。但是,注意力经济学将这种行为也认定为"自私的",因为人们在乎他人的看法,有引起他人注意的需要。近年来,有部分文献从用户生产内容(UGM)的社交媒介角度,提出用户通过社交媒介交换他们对内容的意见/信息,并且吸引他人的注意,促使他人回应,如排名、评论、点赞和转发等,满足他们的社交需求与满足。

国内学者汪丁丁率先将传统经济学研究方法运用到注意力经济中,讨论"注意力"在个人选择空间中的配置方式,并试图在社会博弈框架内讨论这一理性选择的收益问题。部分文献从口碑营销的角度研究用户线上互动行为的影响。

一些学者通过测试在线优惠券、关键词搜索和在线评论的效果来检验优惠营销和在线口碑对产品销售的影响。研究表明在线评论与优惠券数量之间存在替代关系,而评论数量与关键词广告数量之间存在互补关系。

(二)后悔心理

在行为经济学领域,诸多学者采用实证的方法将人的基本情绪融入个体的经济决策中。

美国科学院院士丹尼尔·卡尼曼在1979年首次就损失厌恶的心理提出前景理论,指出决策者对一定数量的损失所感知到的痛苦程度要大于同样数量盈利所带来的喜悦程度。

经济学家卢姆斯和萨格登在此基础上提出后悔心理,即将个体所感知的后悔情绪通过数学模型来解释消费者理性的,但违反传统预期效用理论的现象。已有大量文献证明在面对产品偏好不确定或者跨期消费选择时,消费者会低估或高估策略产生的效用而产生后悔心理。

心理学家泽兰伯格认为后悔是一种消极的、基于认知的情绪，当人意识到或想象如果做出不同的决定，自身现在的情况会更好时，人就会体验到这种情绪。他还研究了不确定条件下后悔预期对决策的影响。

除此之外，有学者考虑到顾客在购买产品时往往对产品价值存在不确定性，存在两种"后悔"心理，一种是因为顾客高估产品价值而导致其提前购买，而在产品折扣期产生的后悔心理，另一种是因为顾客延迟购买而在后期产品断货时产生的后悔心理。相关学者对两种后悔心理对顾客购买行为产生的相互作用进行了研究，并提出顾客对未来自我类型的判断失误会导致消费者剩余量减少。

还有学者提出消费者预期的后悔会显著影响他的购买决定，并在此基础上进一步探讨预期后悔对创新和企业利润产生的积极与消极影响。

此外，行为经济学认为在商业关系中，"企业和个人一样，出于对公平的担忧而受到激励的情况非常普遍"，是一种由共同行为间的比较而产生的看法或信念。

（三）从众心理

1. 从众心理的定义

在分析前人学者对从众心理定义的研究中可以发现这些结论基本大同小异。许多学者把从众心理定义成一个常见的社会心理现象，从众心理的现象可以被认为是一个个体在身处的群体环境中遭到一定的压力和影响，从而导致其会不自觉地调解自我感知、判断以及认知过程。

一般来说，从众心理是指从拥有自己的看法到为了表现出和群体的意愿一致，从而放弃自己的想法并且违背自己的观点，让自己在言行上达到和群体意见一致。

一般来讲，这种现象会以不同形式在人的各个成长过程中出现，与个体不同的群体意见所导致的压力和影响并不是规则的，有些来自社会舆论，也有些来自家庭经验等。通过调节"被认同"和"自我认同"的从众心理是个体融入社会群体的方法之一。

东北大学文法学院公共事务管理研究所所长宋官东就曾经给出过从众心理的定义。他认为从众心理是在模糊的心理情境或者客观情境中，人们会有意识及无意识交错地以群体行为来做标准，并做出与认定的群体行为一致的反应和行动。

从众心理基本有广义和狭义之分：广义的定义是指一个个体会违背自身意愿去遵从身处或所在的群体、组织原本所定下的政策、法律、规章、条例等；而在狭义的定义上则是指一个个体被大多数人的想法、行为或者态度等影响而与大众达到一致的现象。

当从众者面对模糊的问题情境时，他不能决定自身观点或行为的取向，因此会无意识地依赖身边的人给予的观点或行为，并以此为准则做出一样的行为或反应倾向。

2. 从众心理的产生

对于个体由于从众心理而做出的从众行为，许多学者都提出了关于其产生原因的看法。有学者指出，属于群居动物的人类会更加偏向合群。而在群居动物的生活中，若集合的动物数量越来越多，其吸引力也会越来越大，对这个群所形成的"个体"感越强，动物自身的满意度也会跟着提升。因此，当人们在同一个地方或场景对一样的行动产生相同的情感时，这种本能更会被放大，从众会使人们的满意度提高。

此外，美国社会心理学家海曼在其研究中提出了"参照团体"这一概念，他指出人们对自己或对外部世界的看法通常是依照他们所参与的团体的观点体系，但有时也以自己所希冀或羡慕的团体或以社会上一般的价值标准为楷模。参照团体可以是他人所参与的团体，也可以是虚构的或是理想的团体。

著名心理学家班杜拉认为个体在同一个环境中会将相似经历下的其他个体行为作为参考，对其进行模仿学习。

中国现代心理学的奠基人之一朱智贤则指出，来自规范和信息的两种压力通常是人们产生从众行为的原因，群体的准则和人们的信息可以让人更容易被说服，从而去改变自己的行为来顺从周边的群体。

上海师范大学教授岑国桢在前人的理论基础上总结出5个个体从众的主要因素。第一个是"大多数人都做出的决定是正确的"；第二个是"表示归属群体"；第三个是"为了让群体更容易接受自己，因而向群体表现出自身的友好"；第四个是"为了防止被群体孤立而成为单独个体"；第五个则是"决定跟从，因为不想浪费精力"。

除了上述观点之外，从众心理的产生还主要涉及以下几个方面的影响因素。一是受到少数服从多数原则的影响，如投票表决；二是心理压力因素的影响，如权威或职场领导对个体的心理压力；三是心理不确定性需求的影响，如在个体不清楚自己要如何选择时，很容易产生从众心理。

从众心理的产生基本需要经历三个阶段，这三个阶段依序是依从、认同和内化。在第一阶段中，从众现象是属于表面的。在这个阶段，因为外因的关系，依从态度会逐渐形成，而一个人为了避免惩罚或者是为了获得奖励，也会随着周围群体的意愿、社会法律或者社会规范的希望而表现出与群体一致的行为举止。

第二阶段则是认同。在这个阶段中，由于受到态度对象的吸引，那个已经选择依从的个体会自愿接受他人的看法、建议或者该群体的规范，使得自身在这方面会主动和他人的想法或行为保持一致。个体在这个阶段不会再受到外部因素的影响，而会受到本身情感因素的操纵。

从众心理的最后一个阶段是内化。此时个体的态度会完全形成，经历过前两个阶段的个体此时会发自内心地相信周围群体给予的观点或意见，并接受以及将其纳入自身的态度体系当中。

关于积极的从众心理，比较典型的例子有学习从众、时尚和流行从众、公益从众等。积极的从众心理能产生正面影响，这表示个体在保持自身判断能力的同时也能让个人的认知行为遵守社会规范，能帮助改良自身的思维方式，克服原有的固执，扩大视野，对其进入社会生活产生极大的帮助。但是，消极的从众心理是会产生负面影响的，典型的例子有消费从众和不良行为从众。在消极从众心理的影响下，个体本身会因为充满压力的外部环境而失去知觉、判断能力和独立思考的能力，盲目地跟从群体中的不良想法或者行为。这会抑制个人的发展，也可能会导致社会风气的败坏。

3. 从众消费心理

在从众心理的众多研究中，可以看出人们在一生当中会面对各式各样的从众心理，如恋爱从众等。而当中消费从众也是在人们日常生活中常见的一个心理现象。从众性消费行为是指消费者在线上或者线下选择、购买或者评价产品时接受来自他人的意见或信息，从而使其原本的消费者行为和购买意愿发生改变并趋向于与他人想法相一致。从众消费心理对消费者行为有着重要影响。

如前所述，在社会心理学中，从众心理是一个个体为了表达出和公众群体或者多数人所期盼的行为相一致而在自身的知觉、判断、认识上做出违反原本意愿的改变。而在前人的实验中证明，只有少数人能在从众心理的影响下保持自己的独立性，因此，可以发现大部分个体都会出现从众心理现象。另一个说法则是消费从众从本质上来定义就是一种模仿学习。个体会有意识或无意识地对某些刺激进行模仿，做出相似的反应行为，从而进行购买，形成从众性消费行为。

例如，当消费者身边的朋友都在购买同样品牌的产品，而假设消费者本身也遇到这一类产品的需求时，会不自觉地选择与朋友相同的牌子，这就是从众性消费行为。

一开始对从众心理进行研究的是美国社会心理学家莫顿·多伊奇等人。他们从社会心理学的行为动机角度去分析，认为当个体选择从众时会有两种动机要素，分别是信息社会影响和规范社会影响。信息性从众是指受信息性影响而产生的从众行为。

在从众行为发生前，处于当下的个体会产生寻求相对最正确的答案的动机，这一类动机一般指的是事物或信息，基于对信息的判断个体才会产生从众行为；第二个则是由规范社会影响造成的规范性从众。规范性从众指在个体所在的群体规范中，从众于他们的行为和标准来说是合群的表现，这样做能促进和融洽个体与其他人之间的人际关系。

在规范社会影响的情况下，人们会在不得已的状态下被强制支持本来个体就猜疑或者反对的人、事、物，尤其是在个体曾经遇见他人由于反从众而被众人取笑，这样更容易引起那个人的从众心理。

从众心理在消费领域会时常出现，举个常见的例子：当一个人在选购不熟悉的物品时，他会先向曾经使用或购买过的人以及专家咨询产品的信息，并将得到的意见作为重要参考。假若给予的意见达到了消费者的心理预期，消费者的购买意愿会被大大增强，以至于在最后会做出和咨询对象一样的选择。这就是信息性影响的后果，信息从众行为中个体是主动的，因为个体要主动寻找信息，并相信大多数人认同的观念或者建议是更优秀的。而个体在受到规范社会影响而产生从众行为时，会因为处于群体潜在规范的压力下而属于被动的那一方。

虽然现今许多人都可以通过教材、网上资源等进行学习，根据自身经济条件有效地进行理性消费。但随着科技时代的进步以及人民平均生活水平的不断提高，人们在学习和生活等各个方面依然普遍存在着强烈的消费欲望。在这个情况下，大量的从众消费行为会随着消费者进行消费时不断地追求时尚和潮流而出现。造成从众消费行为的原因有很多，其中，攀比心理是主要原因之一。

攀比心理时常出现在消费市场中，尤其是青少年群体中。缺乏社会历练的青少年在消费时，其消费行为与成年人不同，他们会有更强烈的从众心理。尽管没有经济能力，青少年仍然可能会崇拜名牌，追求更好的物质生活。当他们看见同期的朋友拥有该产品时，其攀比心理会更为强烈，因此，模仿和从众消费心理造成的消费行为也日趋明显。

"少数服从多数"的思想从古代流传至今，它不仅是解决群体纠纷和争执的好办法，也是人们决策的一个重要思想依据。在一个群体中，"多数"的观点、思想和建议会影响那些"少数"的人，这最终会造成"少数"的人放弃自身原有的意见，从而接纳以及采用"多数"的人所认可的行为和想法。

并不是每一次从众都是人们舍弃自己的主张和看法，而是在巨大的社会压力下选择变化立场并顺应着多数人一致的看法。有时候，人们尽管有自己的看法，但如果与大部分的人想法不一致，他们会选择停止坚持自身本来的意见，而改变原有的消费立场并顺从大部分人的观点。即使人们有时候并没有改变自己原本的想法，而只是表面采取了与群体一致的观点或行为，也属于从众的一种，通常会出现在学业、就业、婚恋、消费等方面。举个消费方面的例子，原本消费者更喜欢其中一个产品的款式和外表，但经由周围的朋友强调另一个产品的功能后，还是违背原本的意愿买下功能较强大的产品。

（四）品牌忠诚

1. 品牌忠诚的概念

对于品牌忠诚度而言，在20世纪中期时，便有诸多学者在此方面开展了相应研究。然而，截至目前，依然未能对其概念进行统一。在早期的研究中，普遍是从操作性的角度来对其概念进行界定。按照测量方法与对象方面的差异，可将其分为下述两类，即行为论和态度论。

就行为论观点而言，其认为品牌忠诚度实际上是消费者重复性购买同一品牌的行为。消费者在进行品牌选择时，并不会受时间、环境等方面因素的影响，其消费行为所对应的稳定性较高。该观点指出，在品牌忠诚度行为方面，能够从诸多方面来对其进行解释。然而，对于消费者每次所出现的行为而言，各自所对应的变量组合总是会存在相应差异的。由此可知，在品牌忠诚度形成方面，往往难以较好地获得影响其产生的因素。

基于此，便会给品牌忠诚度的培养工作开展带来相应阻碍。从市场实践层面来看，总是会有部分企业在采取相应措施以后，实现了对消费者忠诚度的强化，进而为其产品销售积累了较高的用户基础。就行为论观点而言，尽管其可以针对品牌忠诚行为进行解释，然而，难以对市场实践工作给予相应指导。正是由于这一原因，导致该理论未能获得较广使用。

态度论观点认为，品牌忠诚度实际上就是用户在品牌选择方面，所对应的偏好与心理承诺。基于此，可借助一些因素来对其进行描述。与此同时，通过对这些因素进行干预，能够对品牌忠诚度产生相应影响。但是，此观点对于品牌忠诚度的心理意义更为关注，而很少考虑到行为结果。在相关的研究中，已有部分研究者在进行品牌忠诚度方面的研究时，对其形成过程进行了分析。与此同时，在此方面进行了下述定义，即用户在产品购买方面，往往倾向于选择自己关注度较高的品牌。品牌忠诚度实际上属于用户学习的结果。用户在完成产品消费后，往往会对其进行相应评价，倘若购买结果超出自身预期，便会对品牌给予正向评价，品牌忠诚度也会提升。

通过上述分析可知，品牌忠诚涉及的内容较多，涵盖了态度、认知、行为等诸多方面。因而，便有学者开始在上述研究的基础上，针对品牌忠诚进行界定。

2.品牌忠诚的发展历史

品牌忠诚这一词汇诞生于1923年。自其出现以后，便有诸多学者在此方面开展了相应研究，并对其概念进行界定。通过查找此方面的论证和证据可知涉及此方面的定义超过了200种。

20世纪中期在此方面所进行的研究，主要是从行为的角度来进行分析的。因而，在对品牌忠诚进行界定时，普遍集中在"频率"层面，针对用户消费行为进行分析，在此基础上指出，其在产品选择方面重复选择同一品牌，便是品牌忠诚。

从态度论的角度看，对于品牌忠诚这一概念的界定，是从心理学层面来进行定义的。其指出，所谓的品牌忠诚，实际上指的便是用户在品牌选择方面，对于某品牌所产生的心理偏好。

有学者指出，受制于一些因素的影响，会导致用户无法重复购买某品牌产品。由此可知，在对品牌忠诚的概念进行界定时，倘若仅仅从重复购买行为的角度来进行界定显然是不合理的。

就上述观点而言，能够看出研究人员在品牌忠诚度方面所对应的认识更为深入，但是，在对其概念进行界定时，往往对态度因素更为重视。

在品牌忠诚度研究方面，也有部分学者的研究是建立在认知理论的基础上的，进而将行为与态度相结合进行分析。用户对于品牌所产生的认知，将会对其选择该品牌的态度产生较大影响，并且会对重复购买行为起到相应的决定性作用。在引入态度因素后，便可实现对虚假忠诚的充分辨别。例如，用户之所以重复购买某品牌的产品，是由于其具有更高的性价比，而并非因为品牌忠诚。

美国资深营销专家格里芬则将重复购买与用户态度相结合来进行分析，按照两者程度的强弱，对忠诚进行了划分，即将其分为下述类别：非常忠诚、惰性忠诚、潜在忠诚、缺乏忠诚。

美国著名营销学者奥利弗等人的研究中指出，品牌忠诚实际涵盖了两个方面的内容，即行为忠诚和态度忠诚。与此同时，结合这两个方面来对品牌忠诚进行探究，使得此方面的研究工作开展更具丰富性。奥利弗认为品牌忠诚指消费者在长期接触某一品牌的过程中，对品牌具有偏好的同时会在有需求的时候产生购买该品牌的行为。

遵循这一观点，有外国学者将行为忠诚和态度忠诚，作为品牌信任度和品牌影响力对品牌价值（市场份额和相对价格）的中介变量，提出行为忠诚会使企业获得更大份额，而态度忠诚会促使产品价格提高。

（五）预售偏好

从企业销售策略的视角看，"预售"策略的产生源于企业在推出新产品时面对市场需求的不确定性，在新品上市之前就开始接受顾客订单，通过预售这种方式让零售商提前获得订购资金，降低库存风险。

有学者讨论了面对异质性消费者时的预售策略，提出在面对策略型消费者时，企业预先获取准确的需求信息与采取价格歧视的策略之间存在冲突。

一般来讲，可以将消费者分为有经验和无经验两种，相关研究表明如果不存在有经验的顾客，企业则没有动力制定预售溢价。

此外，有学者探讨产品质量信息披露在预售策略中的作用，发现高质量的卖家可以通过在预售期减少产品供应来将自己与低质量的卖家进行区分；还有一些学者刻画了当顾客对产品的估价不确定时，他们会策略性地决定是在预售期购买产品并获得免费赠品，还是将购买行为推迟至正常的销售期，考虑企业在预售期提供限量赠品时产品的两阶段最优定价和数量。

从消费者的角度看，根据芝加哥大学行为科学教授理查德·塞勒提出的"心理账户"理论所述，人们因在心理上将过去支付和现在支付区别对待而产生"预付偏好"的行为特征。美国经济学家德雷森·普雷莱茨和乔治·勒文斯泰因在此基础上提出消费者的提前支付行为会弱化顾客因支付而产生的痛苦心理。国内学者据此分析了消费者双通道心理账户对企业利润的影响。中南大学商学院管理科学与信息管理系教授毕文杰等人探讨了在一般支付、提前支付及延迟支付方案下的动态定价问题。西安电子科技大学经济与管理学院副教授杜黎等人研究了预售中在提前支付影响下消费者的最优购买策略。

（六）追求独特

长期以来，有不少文献将消费者自我表现和自我表达的功能赋予产品，使得社会富裕阶层通过奢侈品消费表达社会阶层和身份。

美国著名经济学家、哈佛大学经济学教授哈维·莱宾斯坦从社会因素的角度将消费者分为"潮流型"与"独占型"。前者指个人为保持与他人一致而购买商品的情况，后者是指为区别于"普通大众"而购买特别产品的情况。

在此基础上，约翰·霍普金斯大学的经济学教授奥利维尔·吉恩等人将"潮流型"拓展为"趋同型"，并且发现对于独占者来说，炫耀性产品的需求曲线是向下倾斜的。也就是说，如果有更多的消费者购买商品，对于这部分消费者而言，商品的信号价值肯定会降低。除了数模方法以外，部分学者运用实证方法掌握"独占型"消费者的目标商品与购买动机。

研究发现，对独特性需求较高的消费者更注重表达自我、建立独立身份和使用与众不同的品牌。

三、消费者购买行为

（一）消费者购买行为的定义

在此之前，消费者购买行为一直都是国内外学者的研究重点。广义上说，这是消费者围绕日常生产生活所发生的一切与消费相关的个人行为。被誉为"现代营销学之父"的菲利普·科特勒教授认为，这是人们为了满足需求和欲望而搜索、选购、体验、评价产品或服务的活动过程，包括客观物质和消费者主观心理活动。其具体表现为：消费者在外界刺激的作用下，产生消费需求心理，形成购买动机，进而为满足个人需求在购买动机的支配下，通过搜集、了解各种相关信息，对需求物品的各种信息进行综合的对比分析，表现出购买意愿，做出是否购买的消费决策。

消费者购买行为这一概念还包括当消费交易产生后，消费者使用产品、获得体验，并对此次交易做出评价以及后续选择再购买或者退换的过程。在这一过程中，消费者购买决策作为消费者行为中的关键环节，能够反映消费者的购买动机和行为。消费者购买决策行为是个人意志的体现，是购买意愿的直观表达，与个人的生活习惯、兴趣爱好、性格特征等紧密相关。消费者要买的想法越强烈越清晰，购买的可能性会越大，因此，消费者的购买意愿可预测消费者的购买行为。

早期经济学家们基于"经济人"的假设研究消费者决策行为,主要代表人物是马歇尔,他认为决策者是完全理性的,能够清醒理智地根据交易信息和个人财富做出决策选择,消费者的购买决策行为以追求"效用最大化"为目标,忽略了个体认知、情绪等方面的差异变化,难以解释消费者行为中的复杂性。

随着消费者行为研究的深入,更多学者结合行为经济学、社会心理学等理论,引入多种因素变量,构建决策行为模式,以此来分析解释消费者行为,重视消费者的心理情感因素。还有学者分析总结了他们提出的行为模式中的变量,归类得出的影响因素主要包括内在因素(需求、动机、态度等)和外在因素(社会、家庭、经济等)。

中国信息经济学会理事侯治平发现消费者购买行为决策是一个有限理性的过程,其影响因素包括性别、年龄、文化程度等人口统计学特征,还包括个体认知、能力、态度、情绪等个体特征因素。在经济迅速发展、市场竞争激烈的大背景下,越来越多的消费群体产生了行为活动差异。企业如果希望产品被消费者接受则必须全面深入地了解和掌握目标消费者群体购买行为的特征和规律,这对企业的发展具有深远的影响和意义。

美国经济学家霍金斯等人认为消费者购买行为是出于理性需要,用最小的成本购买所需产品的过程。

英国经济学家吉姆·布莱斯认为消费者购买行为是由于自身需求而发生的一系列行为活动,购买行为的外在形式呈现了内在的消费心理。

消费者的购买行为应包含以下五个阶段。

第一阶段为需求的确定阶段。消费者对某种商品或服务的需求可能是由内部因素或外部因素或内外部综合因素引起的。价格优惠、其他消费者的好评以及曾经的良好印象都可能使消费者产生购买意向。

第二阶段为信息的寻求阶段。在存在需求的前提下,消费者会综合相关信息进行考虑,如是选择知名品牌还是未知品牌,是购买高价位还是低价位商品以及在哪里购买等。产品质量、产品价格、产品性价比等信息都由消费者自行获取。

第三阶段是比较评估。在此阶段,消费者对产品或服务进行比较和评估,并基于自身需求选择适合自己的产品类型。在比较评估的过程中,消费者容易受到诸如其他消费者、市场总体情况和产品口碑评价等外部因素的影响。

第四阶段为下单即购买决定阶段。经过前三阶段的需求确定、信息寻求与比较评估,消费者的购买意愿得以形成。在此阶段,消费者将基于购买意愿决定是否进行购买。

第五阶段为体验及评估阶段。消费者在购买行为过后对商家产品及其服务进行反馈并就此次购物的满意度进行评估。购后体验评估对消费者是否再次购买存在影响，同时也在一定程度上影响着产品的未来市场以及提供该产品的公司声誉。在此过程中，消费者的评估反馈很容易形成口碑效应，这将直接影响其他潜在消费者的购买行为。

（二）消费者购买行为的相关模型

国外学者对消费者行为的研究相对成熟，他们探寻出消费者行为的一般规律，形成了五种具有代表性的消费者行为模式，即霍华德－谢思模式、尼科西亚模式、技术接受模式（TAM 模式）、恩格尔模式、科特勒行为选择模式。

最初的学者着手于实践和市场调研，研究的目的是消费者的实际行为。20世纪60年代，学者开始从心理学和经济学的角度来研究消费者行为，形成了消费者行为领域的"现代主义理论"，方法是用实证来解释消费者决策。

20世纪90年代开始形成了"后现代主义理论"，从社会文化的角度出发，具体研究文化对消费者行为的影响。随着互联网时代的到来，网购成为一种新的购物方式，消费者行为也随之产生影响。网购的主要判断依据为在线评论，是研究消费者行为新的突破口。这里主要从文化的角度着手，依托在线评论来研究消费者行为，具体介绍"刺激－机体－反应"（SOR）模式。

下面将针对以上几种常见模式进行具体介绍。

1. 霍华德－谢思模式

美国心理学家约翰·华生首次提出"刺激－反应"（S-R）模式，他认为刺激和反应组成了人类的复杂行为，并且刺激的形成受身体内部和外部环境两方面因素的影响，对此不需要把人的内心活动（购买者黑箱）考虑进去。

刺激来自两方面——身体内部的刺激和体外环境的刺激，而反应总是随着刺激而呈现。经过研究发现，消费者的意识会被外部的刺激影响，这些刺激会对消费者自身的特征产生影响，并影响决策过程，进而影响消费者的购买行为。如图4-1所示，企业可以控制营销刺激，包括产品、价格、广告、促销等。企业的各种营销刺激都可以看作外部刺激，都会对消费者行为产生影响。除了营销刺激之外，经济、文化、技术、政治等也可以看作外部刺激。

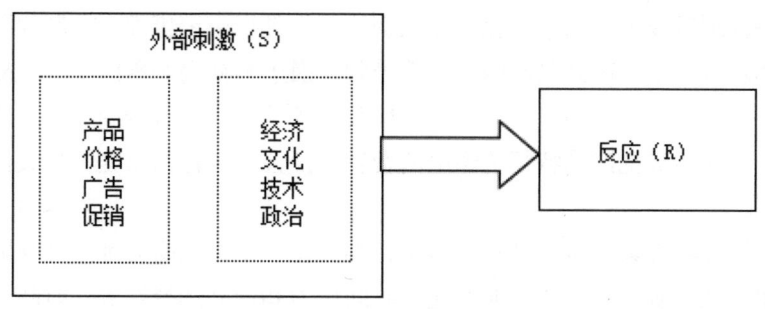

图 4-1 S-R 模式

1969 年,美国学者霍华德和谢思基于约翰·华生的"刺激－反应"模式提出新的"刺激－反应"模式,即霍华德-谢思模式,如图 4-2 所示。

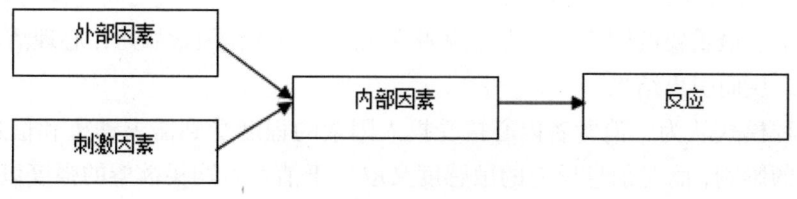

图 4-2 霍华德－谢思模式

霍华德－谢思模式比其他模式要更加全面完整一些,也比较符合消费者购买逻辑。本书所选用的霍华德－谢思模式充分利用了心理学、社会学和管理学的知识,从多方面解释了消费者的购买行为,可适用于各种不同产品和各种不同消费者的购买模式,特别是它能够解释一定时期内消费者的品牌选择行为,因此,这更适用于消费者行为的研究。

霍华德－谢思模式是由学者霍华德在 1963 年提出的,后与谢思合作,经过修正于 1969 年在《购买行为理论》一书中正式形成。整个模式包括了三部分:投入,借外界的刺激让消费者接收信息,这部分包括了三种刺激来源,分别是实体刺激、符号刺激及社会环境刺激;知觉和学习建构,这部分主要是描述消费者得到刺激或信息后,如何处理在脑中所形成的印象,加上消费者本身的动机、信心等因素后如何产生意愿的过程;产出,消费者在经过之前的刺激、认知和学习等反应后,最后的结果就是产生购买行为,分别为注意、品牌认知、态度、意愿及购买行为。

整个模式通过四大因素来描述消费者的购买行为:刺激或投入因素、外在因素、内在因素、反映或者产出因素。

第一，刺激或投入因素（也称输入变量），是指由销售部门控制的因素，它包括三个刺激因子：产品刺激因子、符号刺激因子和社会刺激因子。产品实质刺激包括产品的质量、价格、特征、可用性及服务等。产品符号刺激是指通过推销员、广告、媒体等把产品特征传递给消费者。社会刺激包括家庭、相关群体、社会阶层等。

第二，外在因素（也称外在变量），如文化、个性、财力等。外在因素包括相关群体、社会阶层、文化、亚文化、时间压力和产品选择性等。时间压力指消费者主观认为在购买前可花时间的多少，或他实际上只能花在购买上的时间有多少。通常情况下，时间压力能抑制或缩短消费者购买决策过程，使消费者仓促决策，并可能导致不理想的购买行为。

第三，内在因素（也称内在过程），是指介于刺激和反应之间起作用的因素，是最基本、最重要的因素。它主要说明投入因素和外在因素如何在心理活动中发生作用，从而引出结果。

这种模式认为，消费者内心接受投入因素的程度受到需求动机和信息反应敏感度的影响，而对信息反应的敏感度又取决于消费者购买欲望的强度以及"学习"的效果。消费者往往对有兴趣的产品显示出"认知觉醒"，对无关的产品信息则表现出"认知防卫"。至于消费者的偏好选择，则受内心"决策仲裁规则"的制约。

所谓"决策仲裁规则"，是指消费者根据动机强度、需求紧迫度、预期的欲望满足程度、消费需要性以及对过去消费产品的感觉等，将各种产品按序排列，侧重实施购买的一种心理倾向。

第四，反应或产出因素（也称结果变量），是指购买决策过程所导致的购买行为，它包括认识反应、情感反应和行为反应三个阶段。认识反应是指注意和了解；情感反应是指态度，即购买者对满足其动机的相对能力的估计；行为反应包括购买者是否购买或购买何种品牌的认识程度预测和公开购买行动。

霍华德-谢思模式利用心理学、社会学和管理学的知识，从多方面阐释了消费者的购买行为，认为投入因素和外界因素是购买的刺激物，它通过唤起和形成动机，提供各种选择方案信息，影响购买者的心理活动（内在因素）。

消费者受刺激物和以往购买经验的影响，开始接收信息并产生各种动机，对可选择产品产生一系列反应，形成一系列购买决策的中介因素，如选择评价标准、意向等，在动机、购买方案和中介因素的相互作用下，便产生了某种倾向和态度。

这种倾向或者态度又与其他因素，如购买行为的限制因素结合后，便产生了购买结果。购买结果形成的感受信息也会反馈给消费者，影响消费者的心理和下一次的购买行为。

2. 尼科西亚模式

尼科西亚模式认为消费者购买行为过程主要由四个部分组成：一是消费者对产品的态度，二是信息的收集与方案的评估，三是实施购买行为，四是信息反馈行为。在尼科西亚模式中，消费者的购买过程可以被描述成：通过信息传递、品牌或企业的态度发送给消费者，消费者产生了购买的原有倾向和动机。在经过了对产品及品牌的评价调查之后，消费者的购买动机进一步明确，从而进行购买相关决策。在购买之后获得的信息将作为对品牌或企业的购买反馈及信息积累影响到下一次的购买进程。

3. 技术接受模式

美国学者戴维斯于1989年提出了技术接受模式（TAM模式），该模式认为消费者会对外部的变量进行处理，继而感知相关产品的有用性及易用性，从而产生使用态度与倾向。技术接受模式常被用来分析网络购物案例及情境，强调消费者行为的功利性动机，但在享乐性动机方面有所忽略。

4. 恩格尔模式

恩格尔模式更加关注消费者如何进行决策的过程，认为主要包括外界刺激、中枢系统处理、购买决策以及最后的经验沉淀。消费者首先会受到外界大众传媒或者企业促销行为的刺激，在发现之后会加入自身过往经验进行判断，同时也有个人性格特征的影响，而后在内心对产品进行选择的评估，最终产生购买行为，并将实际购买后体验沉淀的满意情况作为下次进行消费判断的依据，这不单会影响产品本身的复购，也会对消费平台的声誉产生影响。

5. 科特勒行为选择模式

菲利普·科特勒提出了一个消费行为的简单模式，强调社会两方面因素，他认为人们在要买东西的时候不只是会受商家的影响，如营销员的推销等，还有外部刺激、社会大环境等各方面的影响。

科特勒将消费者对信息处理的心理过程和决策过程描述为购买者的黑箱，将复杂的心理活动模糊化、笼统化，缺少对各影响因素和消费者心理变化之间的详细分析，在实证研究中可操作性不强。

6. 刺激-机体-反应模式

刺激-机体-反应模式，即 SOR 模式源自行为心理学的创始人约翰·华生提出的"刺激-反应"原理，他认为人类的复杂行为可以分为刺激和反应两部分，刺激来自身体内部的刺激和体外环境的刺激，而人的行为则受到刺激的反应，但他没有考虑人的内心活动过程且忽略了外部环境刺激的影响。在此基础上，霍华德和谢思提出了消费者的刺激-反应模式，他们认为外部刺激进入消费者意识后，经过消费者的特性与一系列决策过程再产生某一购买行为。该模式将消费者内心活动和外部环境刺激因素也纳入了研究范围，但依旧将消费者心理过程视作"黑箱"。

随着研究的不断深入，证明了同样的刺激在不同的个体上会有不同的反应，认知主义学派的学者梅拉比安和拉塞尔等人在此基础上引进了"机体"变量，提出"刺激-机体-反应"模式即 SOR 模式，其中，拉塞尔等人将愉悦、唤醒和支配三种情绪作为人的内部心理变化。

SOR 模式中的 S 表示刺激，这种刺激可以是外部的环境刺激，在这里主要是指在特定的消费情境中对消费者的刺激，即将消费情境的特性作为外部的环境刺激因素；O 表示有认知的机体，指主体在受到外界刺激后的内心活动与认知反应，在这里特指消费者在受到消费情境特性的刺激后，其情绪反应与信任倾向的变化；R 表示认知的机体在受到刺激后所表现出的行为，这里主要是指消费者在受到环境刺激后经过情绪反应与信任倾向的变化，所采取的购买行为。

随着 SOR 模式成为研究和解释消费者行为的重要模式之一，其被引入不同的研究情境中，有学者将认知和生理学纳入 SOR 模式扩展了其在服务场景中的应用；还有学者引入了所有涉及长期记忆的参与经验，提出一个整合的包括认知系统和情感系统的 SOR 模式。

早期学者通常将 SOR 模式应用在线下零售领域消费者行为的研究中，例如，霍华德和谢思提出的外界刺激包括了产品品类、产品价格、销售人员的服务及质量等因素。

随着科技的进步，网络购物逐渐发展起来，SOR 模式也开始逐渐运用到网络购物情境中。

此后，许多学者在网络购物情境下研究不同因素如网络商品口碑、网络退货政策、在线用户追加评论信息、网络意见领袖、电商服务预期及物流服务预期等刺激因素对消费者购买意愿和购买行为的影响，王成慧等人提出价格折扣与时间压力显著正向影响消费者的感知价值和积极情绪，感知价值和积极情绪显著正向影响消费者的购买意愿，消费者的购买意愿显著正向影响其购买行为[1]；黄思皓等人则从社交电商平台的支持性氛围入手，证明了其对消费者的感知信任的显著正向影响，而社交电商平台的互动氛围、支持性氛围对消费者的感知娱乐性有显著的正向影响，消费者的感知信任、感知娱乐性则显著正向影响其持续购买意愿[2]。但是以上这些研究都未能考虑愈加流行的"直播"这一特性的影响。

随着直播媒介的快速发展与广泛应用，直播的特征也被作为一项影响消费者购买行为的重要刺激因素来研究，有学者开始以空间临场感和社会临场感为中间变量来研究直播购物的交互性、真实性和生动性对消费者购买意愿的显著影响；许贺等人认为直播互动性、直播娱乐性对服装冲动性购买意愿具有显著正向影响，但这些研究中选取的是在直播平台上的消费者而非电商平台，且这些研究也未能综合考虑消费者的情绪因素[3]。

从以上研究可以看出，SOR 模式的内容开始逐渐丰富，从机体方面看，从主体情绪变化扩展到情绪和认知变化，包括主体的价值感知、有用性感知、信任感知及满意度等；从反应方面看，从早期的趋向行为或回避行为扩展到使用行为、参与行为、购物行为等。电商直播购物作为一种新型的网络购物模式，属于电子商务研究范畴，SOR 模式也已被证实可用于消费者购物行为的研究，因此，将其用于分析和研究电商直播情境下的消费者购买行为是可行的。

（三）影响消费者购买行为的因素

1. 消费者因素

（1）个体行为

①理性行为。理性行为理论，英文名为 Theory of Reasoned Action，简称 TRA 理论。该理论于 1975 年提出，提出并主张该理论的是美国的学者菲什拜因和阿耶兹。在理性行为理论中，其主要核心思想是个体的行为可通过行为意向、态度和主观规范来进行预测。

---

[1] 王成慧，范军，宋艳静. 电商购物节对消费者冲动性购买行为的影响分析 [J]. 价格理论与实践，2018（7）：127-130.
[2] 黄思皓，肖金岑，金亚男. 基于 S-O-R 理论的社交电商平台消费者持续购买意愿影响因素研究 [J]. 软科学，2020，34（6）：115-121.
[3] 许贺，曲洪建，蔡建忠. 网络直播情境下服装消费者冲动性购买意愿的影响因素 [J]. 东华大学学报（自然科学版），2021，47（5）：111-120.

行为态度是指个体对实行某种行为的主观倾向或立场，其由行为信念和结果评价决定；而主观规范是指个体对于某种行为规范信念的认知程度和遵从动机，其由规范信念和依从动机决定。

因此，人是理性且能控制自己行为的，人们会在决定采取任何行动前通过各方面的信息来衡量行为意义和后果。而在消费者层面上来分析，消费者对产品的认知和购买态度影响了其消费意愿，并更深一层地决定了该消费者做出的行为。

②计划行为。计划行为理论，英文名为 Theory of Planned Behavior，简称 TPB 理论。该理论是基于 1991 年阿耶兹对先前发表的理性行为理论所做出的进一步拓展——引进新的控制变量，即感知行为变量而提出的。计划行为理论表示人们的行为并不完全出于自愿，而是受到了感知行为的外在因素控制。所以，阿耶兹将包含个人控制信念和感知促进因素的"知觉行为控制"加入 TRA 理论中。

因此，个体行为意向包含主观规范、知觉行为控制和行为态度三个主要变量。这三个主要变量间互相独立，但与另一个变量也呈现出两两相关的关系。当消费者认为所掌握的能力和资源越多时，对这些因素的认知也越强，最后对行为的知觉行为控制也就越强。在该理论中行为有两种影响方式，一是能通过态度对行为结果进行预测；二是做出的评估结果也会对态度产生影响，表示意向也能直接影响行为的产生。

③技术接受模型分析。技术接受模型的英文名为 Technology Acceptance Model，简称 TAM 模型，于 1989 年被学者戴维斯提出。当年学者戴维斯在理性行为理论和计划行为理论的基础上研究用户对计算机广泛接受的决定性因素，在其中发现了感知有用性和感知易用性这两个因素，并进一步将理论模型化，进而提出该理论模型。

在技术接受模型中，感知有用性和感知易用性是影响消费者接受相关信息的重要变量因素。感知有用性是指消费者认为使用了其规定的产品或物品之后能提升自己的效率或业绩，甚至也能帮助改善日常生活的事务；而感知易用性的定义则是指个体对指定的物品或产品使用过程的难易程度。

在技术接受模型当中，个体的行为意向是决策以及确定系统使用的重要因素，但是同时个体的态度以及易用性情况也会影响个体自身的行为意向。另外，在该模型当中，感知有用性会同时被感知易用性和一些外来因素所影响；但感知易用性则只会被一些外来因素影响，这当中包括物品的设计因素、职责目的因素、用户自身的特点等。当一个个体认为其指定的技术或物品的感知有用程度较高，并且能为日常使用带来更多的便利时,对这些指定的技术或物品的态度和行为则会变得更明确化,从而造成使用率提高。

总结来说,可以得出以下几项结论:第一,外部变量和感知易用性确定了感知有用性,同时感知易用性则受外部变量影响,如个体特点、系统设计特点和任务特点等;第二,感知有用性和感知易用性是确定想用态度的因素;第三,行为意向则由想用态度和感知有用性所确定;第四,系统使用的确定要素为行为意向。

(2)感知价值

感知价值是非常难量化的一个维度,因此,从古至今各个方面对其的定义都存在着一定的差异。但在这方面的研究大部分都集中于经济领域和心理领域,因此,不同定义当中也有相似点。

1988年,服务营销学家泽丝曼尔提出了感知价值理论,运用深度访谈等方法探讨客观价格、客观质量与消费者感知到的价格与质量之间的区别与联系。她认为该理论指的是"消费者基于产品和服务所付出或回报的总体评价"。泽丝曼尔通过分析调查结果发现,付出主要体现在货币上的付出,产品质量就是相应的收益,物有所值或物超所值都是权衡后的正向感知价值。

此外,她提出了感知价值的函数关系式,即感知价值=f(感知收益,感知付出),之后的学者在研究中也将感知风险视为感知付出的一种形式,认为感知到的收益是价值的体现,风险是一种付出,一定程度上感知风险可视为感知价值的一部分,而就购买意愿的影响因素而言,感知价值最大化与感知风险最小化则是两种不同的路径,两者紧密联系又有所区分。泽丝曼尔在函数关系式的基础上构建了MEC理论下感知价值的模型图。

感知价值因人而异,而在泽丝曼尔的理论中,她将感知价值分成四种:第一,将低价格等于其价值,有些消费者会认为便宜的产品等同于其价值,即打折或者突然超低价的产品具有很高的价值,付出的货币才是其感受的最大来源;第二,产品或者服务带来的收益等同于价值,这一类型的消费会将产品或者服务中所得到的利益看作最重要的价值因素;第三,所付出的低价格而得到的高品质的产品或服务等同于价值,用最低价得到最高品质即消费者的价值观;第四,把从对产品或者服务的付出中获得的全部回报等同于价值,这当中的付出包括时间、金钱和努力。

泽丝曼尔觉得每一位消费者的认知都有所不同,因此,也会对一样的商品或服务等产生不一样的感知价值。由此可见,无论是线上还是线下的消费者都会对自身感知的收益和其付出做对比,做出关于商品或服务的评价后才会做出购买决定或决策。

哈佛商学院大学教授迈克尔·波特认为只用价格和质量来衡量价值不够全面,太过简单,特殊功效以及售后服务都会影响感知价值。谢思的研究表明功能和社会价值对消费选择起着关键作用,情绪价值对消费决策也起着关键作用。美国学者巴里·巴宾等人推翻了谢思等人提出的条件价值的影响,他们认为在耐用品采购中,一些弹性条件并不会对购买决策产生过大影响,如假期等,他们研究发现价值的指标总括为效用和享乐价值。

有一些国外学者认为质量价值和价格价值是效果与用途的体现,因此,可以总结为效用价值,于是,有了新的函数关系式,即感知价值= f(效用、享乐及社会价值),其对感知价值三维度做出的解释使消费者可以根据不同的维度评估产品,不仅仅包括其预期的性能(效用价值),而且还包括选购过程中的享受或愉悦感(享乐价值)以及购物行为得到他人的认可,有良好的印象(社会价值)。在后续研究中,一些学者对感知价值的研究就主要从这三方面入手,综合相关分析,感知价值的具体维度汇总如表4-1所示。

表4-1 感知价值维度的相关研究汇总

学者	研究简介	划分维度
泽丝曼尔(1988)	运用目的链模型研究消费者对于价格和质量的感知,从而探索消费者感知价值	感知收益、感知付出
谢思等人(1991)	基于感知价值理论探索消费者为什么购买以及购买什么	功能价值、社会价值、情感价值、认知价值、条件价值
范秀成&罗海成(2003)	基于感知价值探索企业竞争力	功能价值、情感价值、社会价值

除了对其维度的研究外,还有对其作用的研究,一些学者关于感知价值对重复购买的影响中提到功利及享乐价值在购买决策中起到的重要作用,但消费者的风险认知不可忽视,前景理论强调了认知的重要性,感知到的风险只有在可控的范围内,消费者才能得到一个满意的结果。

在购买意向产生过程中,消费者属于寻求风险型还是风险厌恶型将影响购买决策。在线的购物评论在前景理论框架下将深刻影响消费者的下一步购买决策。

法国圣母大学门多萨商学院管理系教师萨维·德瓦雷等人认为提升消费者的感知价值需要降低消费者的交易成本，如有竞争力的价格、便捷的网页导航、快速有效的搜索、高质量和可用的信息等都将提升感知价值并增加消费者的购买意愿。

在特定情境中关于感知价值对购买意愿的影响的研究还不够，对此，有国外学者运用感知价值四因素模型分析了对酒店的价值感知，通过询问旅客的居住体验以及搜集和整理顾客信息得到了真实有效的意见反馈，这也帮助酒店做了进一步的提升。

此外，还有学者研究了顾客对旅游业服务品质的感知对其满意度的影响，旅游服务相对于景区或纪念品等产品来说对游客的影响更大，因此，旅游业的发展应该更加重视其服务质量的提升。

（3）心理状态

消费者心理包括消费者的需要、动机、兴趣、理想、信念、世界观等个性心理倾向以及能力、气质、性格等个性心理特征。消费者心理是影响消费者行为的内在因素，下面会着重讨论影响消费者购买决策的四种主要的心理因素。

①动机。所谓动机，是指能够推动人进行某些活动的人体自身内部的驱动力，即激励人做出行动的力量。社会人群只要是还处在清醒的状态，就会主动去参与各式各样的活动。不管这些活动是否对主体具有影响或者意义，是否能够吸引并满足主体的需要，也不管这些活动是多久的时间跨度，这些活动都是由所谓的动机引出的。

由此可以定义，消费者的购买动机是指在购物过程中，能使消费者产生任何购买方面行为的内部驱动力。

动机本质上是一种潜意识状态，难以直接测量或观察，但可以根据个人惯性的言语和行为去了解和总结。对于销售人员和运营管理人员来说，通过数据监测到这些动机，就能有针对性地预测消费者行为并推出合适的促销方案。

②知觉。知觉是指个人以自身价值观世界观去解析外界信息并构成内心想象空间的过程，动机决定是否行动，知觉决定如何行动。处于完全相同环境中的两个人，可能会因为知觉解析结果的不同而产生不同的行动。

③学习。学习是指个人通过积累经验而产生惯性行为变更的过程。

④信念与态度。信念是指人对特定事物产生的自己的一些私人想法；态度则是指人对特定事物或者想法产生的对应的个人评价、感情倾向、行为导向。先有行动和学习，才会形成一些信念或态度，这些整体又将影响消费者最终的购物决

策。公司应竭尽所能将自身产品或营销策略打造成符合消费者惯性思维的东西。

(4) 收入水平

消费者行为会受消费者的购买力水平的控制。而购买力水平主要受消费者收入、消费者支出和居民储蓄及消费信贷三方面的影响。

①消费者收入方面。决定消费者购买能力的往往是消费者的实际收入,这与名义收入是不同的概念。

②消费者支出方面。消费者支出与消费者的收入水平息息相关,此时的消费者收入由两方面构成:可支配的个人收入和可随意支配的个人收入。

③居民储蓄及消费信贷方面。在消费者的收入一定的情况下,居民储蓄的额度与现实支出的额度呈负相关。当居民储蓄的额度更高时,现实支出的额度就会更小,购买力就会减小。但与此同时,潜在的购买力就会更强。消费者的信贷也会对购买力产生影响,消费者购买商品支付的途径,不光可以用货币支付,也可以用信贷支付。

(5) 购买意愿

关于购买意愿,从广义上来讲就是指消费者是否愿意付出一笔资金来购买产品。但这不足以成为让人真正理解的定义。有学者将购买意愿定义为个人从事特定行为的主观概率,而在消费行为方面则可理解为购买特定产品的主观概率。各个学者都尝试从心理层面去解读这个词,而在本书中,购买意愿是指选择某一种产品的主观倾向,通过对产品的态度可以反映并预测消费者购买意愿的概率。

从理性行为理论中可知,行为发生的过程中一定需要意向的存在,所以,可理解为决策行为是发生在购买意愿建立的基础上的。因此,购买意愿能够成为预估用户消费行为的其中一个主要指标。泽丝曼尔等人对购买意愿进行研究,他们将购买意愿分为正向意向和负向意向两种类型。如果消费者对某一个产品表现出正向意向时,他会更容易对该产品进行下单交易;反之,如果该消费者对一家商店或者产品有着负向意向时,他更可能选择离开。

无论是对于电商平台还是线下传统购物而言,消费意愿的含义都基本相同,消费者都会受到购买意愿的影响而做出购买决策。除了获取信息的渠道和环境不同之外,平台购物与传统购物的基本购物流程还是很相似的,从搜寻商品信息、筛选对比到做出购买决策都会受购买意愿的影响。而网络消费者的购买意愿是指通过浏览电商平台的商品信息时,对产品进行了解,之后产生购买意愿,并影响其是否会下单购买的行为决策的可能性或者主观概率。

2. 产品因素

（1）产品特性

现阶段，互联网电商市场所占的份额不断增加，所以，这里主要针对这一市场的产品特性进行分析。互联网电商市场不同于传统线下市场，根据消费者的消费习惯和特征，在线上售卖的产品，首先要考虑的是让产品拥有潮流元素，因为现代的消费者群体基本由青壮年组成，他们的共性之一是追求商品的独特和时尚，其次是考虑消费者在产品购买环节的参与程度。

若某产品在该环节需要消费者高度参与，甚至需要现场体验后再购买，则该产品一般不宜在购物平台销售；但是这类产品可以在线上利用互联网的其他功能，例如，利用营销推广的功能来辅助传统营销活动。

（2）产品价格

从消费者心理出发，价格是购买商品时一个非常重要的因素，但并不是消费者购买与否的唯一因素。如今，整体消费市场呈现的是一个不完全竞争的市场，在研究中最明显的特征就是完全垄断、寡头垄断、垄断竞争和自由竞争并存。

企业本身就是能够决定商品价格的极重要的因素，尤其是那些行业龙头，以及具有品牌效应和垄断性质的大企业。而当代互联网的诞生则创造了一个机会，即打造一个足够完善的市场机制的机会，互联网上的数据库公开、透明，信息能够近乎平等地获取，也就是说产品的营销价格对于所有的互联网用户来说都是完全透明的，进而导致产品销售价格的制定受到同质化竞争的约束，从而结束了过去企业通过高定价、信息差来获得高额市场利润的现象，拓宽了消费者的选择面，简化并拉直了整体交易流程。现在越来越多的企业认清了现实，都愿意利用互联网手段进行线上沟通议价、平台竞价或拍卖等。

另外，现在的消费群体会有一个费用的心理预期，即线上渠道产品的价格，在同等质量下要比传统的线下零售渠道的价格低。究其原因是，线上与线下相比，线上售卖能够减少营销费用、中间渠道费用、额外的信息费用和线下渠道店固定运维费用，可以在各方面降低产品成本，而这正是当下互联网商业应用大行其道的原因之一。

（3）购物的便捷性

购物方式是否足够方便快捷，也是消费者有购物需求时考虑的因素之一，目前消费者普遍选择电商平台购物的原因主要是体现在以下两个方面。

一是时间段选择上的便捷性。平台店铺的人工客服＋机器客服可以24小时提供销售咨询服务，能够不受传统店铺打烊时间的限制。

二是商品挑选的便捷性。消费者可以打破空间限制，只要有网络，就能随时随地打开来自全国各地的网络店铺，浏览并选购商品。对于个人而言，完全可以精挑细选、货比多家；对企业采购而言，手中的供货渠道也不再限于传统的定时、定点的订货会议或者只能接触到原先的几个固定供应商，而会扩大范围，在全国选择品质优秀、综合成本最低、各方面实用性均优秀的产品，这是传统线下渠道难以做到的。

（4）安全可靠

现在，网上购物已经成了一种主流的消费趋势，而消费者是否选择电商购物的另一个重要影响因素，就是安全性和可靠性。现阶段，很多消费者对于网上购物仍然顾虑很多，归根结底，网络营销最根本、最重要的还是要完全解决安全问题。因此，对于购物过程的各个节点，都必须持续更新或加强安全和防控措施，以防止消费者在网络购物过程中遭遇资金损失、个人隐私泄露的现象，进而能够建立起社会对电商平台的信心。

网络购物与传统线下零售不同，在网上消费，一般都需要先付款再安排送货到家，而这种"看不见摸不着"的购物方式就更加要求对网络中的下单、付款到取货的各节点都必须尽可能做到最安全、最可靠，如此才足以让消费者放宽心来购买商品。

3. 企业因素

企业的外在表现可以直观地展示企业特征，直接吸引消费者，加深消费者的印象，刺激购买行为。已有的研究主要从塑造形象、设计宣传、改善销售环境等外在条件方面着手，探究其对购买行为的影响。

首先是塑造形象对消费者购买行为的影响，形象作为典型的外在影响因素，受到学者的关注。

其次是品牌宣传对购买行为的影响，有学者围绕企业的品牌宣传展开讨论，阐明了适当加强品牌宣传力度可以正向影响消费者的购买行为。

最后，亦有学者探索了销售环境与消费者购买行为的关系，为企业吸引消费者提供了新方向。

企业不仅可以运用外在表现影响消费者的购买行为，而且还可以通过企业理念、使命、愿景等吸引消费者，激发其购买动机。

首先，产品、服务质量会直接影响购买行为。有学者对优衣库进行调研发现，消费者在线上消费过程中的决定和意识，都受到线下体验的直接影响，而线下体验最为重要的因素就是产品质量和服务质量。

其次，有学者研究品牌声誉对消费者购买行为的影响，认为品牌声誉会对消费者购买行为产生正向影响。

此外，还有学者探究了企业社会责任、网络口碑、在线评论等对消费者购买行为的影响。

4. 社会因素

社会因素主要包括参照群体、家庭以及角色地位。参照群体往往可以影响消费者的态度、意见和价值观。参照群体又可以分为两个类别：成员团体和理想团体。成员团体是指在这个团体中也包括自己这个个体，如家庭、同事、同学等。理想团体指的是这个团体中不包括自己这个个体，但是本人愿意归属这个团体，如流行歌手、畅销小说家、影视明星等，这些团体会对消费者行为产生相当大的影响。参照群体为消费者行为的研究提供了新的研究方向，可以从以下几方面体现。

①参照群体给消费者提供了一种全新的行为模式和生活方式。

②由参照群体中的理想团体可以看出，这部分的消费者愿意追随参照团体，会有意效仿他们的行为，对商品的态度或者购买欲也会受参照群体的影响。

③参照群体可以使追随者产生从众心理，让他们的行为方式趋于一致性，会对消费者的选择性产生影响，如对品牌的选择。

四、消费者购买决策

消费者决策是指消费者通过自身对某一产品的各项属性所进行的理性思考，最后用最优惠的价格得到产品的过程，消费者通过这种思考做出最终的决策。由于个体之间的思考具有差异性，也有许多消费者在选择购买产品时并不会对产品的各项属性进行思考，他们更多的是关注自身购买时的感受。

例如，小明在商场看到一个他朋友想买没买到的手办，可是手办有一定的瑕疵，一向不能忍受有质量问题的他，还是很爽快地买了那个手办。在那时候，吸引他的不是产品的固有属性（价格、样式、功能、特点），他所进行的也不是理性思考，而是在享受拥有那个手办所带来的感觉或他朋友会因为他买到了这个手办而去崇拜他，从而满足他的自尊心。

当消费者的购买介入程度由低到高变化时，其决策过程也随之复杂化。我们将用名义型、有限型、扩展型决策来描述不同类型的购买决策过程。在描述各种决策过程之前，需要明确购买介入的概念。购买介入是指个人对某种具体购买需求中所产生的决策过程的注意或倾向程度。购买介入是某个人、某个家庭或某个购买单位的一种暂时状态，它受个人、产品、情境特征的相互作用和影响。

但购买介入不同于产品介入。消费者可能会非常钟情于某一品牌，但由于各种原因（如品牌忠诚度、价格高低等）会导致该产品的购买介入程度较低。例如，小明非常喜欢某厂家生产的手办，对它的产品很忠诚，觉得它可以媲美任何手办产品，从而形成一种强烈的购买倾向。当他购买时，不会考虑其他的制造商，甚至是不去考虑，而是会直接选择他喜欢的这个牌子。

另一种情况是，个体对产品介入程度不高，但出于某种原因购买介入非常高。例如，小明对购买昂贵的限量手办并不是很感兴趣，但他购买时介入程度很高，原因是他想向朋友炫耀他买了一个很贵的手办，而在其他人眼中，他是消费不起这个手办的。

（一）名义型决策

名义型决策，有时也称习惯型购买决策，实际上就其本身而言并未涉及决策。当影响因素被有限的内部信息搜集时，消费者的脑海里将会产生一个喜欢的产品，随后便会选择其产品进行购买。如果所选产品未能达到消费者期待的效果，那么就会产生购买介入。名义型决策往往发生在对购买的介入程度很低的情况之下。名义型决策通常分为两种：品牌忠诚型购买决策和习惯型购买决策。

（二）有限型决策

有限性决策包括内部信息搜集或有限的外部信息搜集、很少的备选方案、基于较少属性的简单决策规则和很少的购后评价。它是介于名义型决策或扩展型决策之间的一种决策类型，从最为简单的情形来看（购买介入最低时），它与名义型决策是相似的。

有限型决策偶尔也会因消费者的内心想法或环境因素而产生。这类决策可能会评估当前拥有替代品的独特性，也可能会根据其他消费者当前或以后的行为来评估购买行为。例如，他们会通过观察或猜测同圈子的消费者买什么样的商品来做出自己的选择。

（三）扩展型决策

扩展型决策包括大量的内部信息和广泛的外部信息收集，对多种备选方案的复杂评价。扩展型决策发生在购买介入程度很高的情况下。消费者在购买产品之后，很容易对购买决策的正确性产生怀疑，从而引发对购买的全面评价，相对来说，达到如此复杂程度的决策并不多。然而，在购买相对昂贵的产品时扩展型决策比较容易出现。

第二节 组织市场及其购买行为

一、组织市场概述

（一）组织市场的界定

组织市场是企业面对的重要市场。企业进行组织市场营销时，必须对组织市场有深入的认识和了解，从而进一步分析该市场的构成、消费特征和消费影响因素。因此，企业为了顺利开展各种经营活动以及包括政府在内的非营利性组织在承担自身职责过程中通过购买产品或服务而形成的市场即为组织市场。组织市场是相对于消费者市场而言的一个概念，二者的根本区别在于，组织市场为法人市场，而消费者市场则属于个人市场。

（二）组织市场的特性

通过对组织市场概念的分析来看，组织市场主要包括以下几点特征。这些特征均是企业在营销过程中需要注意的关键点。

1. 组织市场的规模和复杂性

组织市场比消费者市场要复杂得多，组织市场比消费者市场的客户数量要少，可是组织市场客户的交易价值、交易规模较大。组织市场的客户集中在特定的区域，在全国市场中，这类区域的消费量占比较大。

就供应商来讲，每一个客户都是重要客户，假如公司失去客户，那么公司营销绩效势必会大幅下滑。大客户对于公司的发展起到重要的作用，公司必须与这类客户建立稳定的合作关系。一些公司针对大客户建立了专门的营销团队，营销人员与大客户进行长期沟通和交流，以此来赢得大客户的支持和认可，确保大客户能够长期签单。组织市场在单笔交易价值、交易规模方面具有显著特征。与消费者市场相比，组织市场在客户数量、交易规模方面具有复杂性、多样性特点。

此外，消费者市场数量不会对组织市场数量产生影响，某些组织并不参与消费者市场，它们虽然为客户提供服务，但没有直接收费；还有一些组织没有对客户发挥的作用投入关注。

2.组织市场需求的特性

组织市场的需求具有特殊性,它采用增值的方式将产品提供给消费者市场,最终消费需求能够对组织市场提供的产品产生巨大影响。该类市场需求是在增值阶段出现的需求派生。

举例来说,出版公司用纸市场需求与消费者对杂志、书籍的需求存在紧密的联系。假如消费者对书籍、杂志的需求较少,那么用纸市场的需求也会随之降低。在组织市场中,供应商应该对最终消费者的需求以及影响需求的因素投入足够的关注。

通常情况下,价格变化可能会影响到组织市场的产品和服务需求,但这种影响极小。原料价格或原料成本在产品生产中所占比重与需求弹性之间呈正相关性,当组织市场处于某一特定阶段时,市场需求并不发生弹性变化,这使得公司难以及时对运营方式和生产方式进行调整。

二、组织购买行为

(一)组织购买的概念

组织购买是指正规组织为了购买产品和服务的需要,在可供选择的品牌与供应者之间进行识别、评价和挑选的决策过程。

组织购买的目标因其所要购买的商品和服务的种类、组织面临的成本上升的可能性、经理把购买摆在一个什么样的位置以及购买管理的专业化程度而大不一样。但是,不论组织购买的目的如何,其有效性都会对公司的成本结构、生产效率、产品或服务的质量、设计的弹性、根据市场需要供应产品的能力、成本管理等方面产生重大影响。当组织可以凭借成本结构、可靠的质量、纵向合并、设计中的灵活性等获得并维持竞争优势时,有效的购买将对整个公司的竞争策略产生重要影响。

(二)组织购买行为的特性

组织市场中的购买行为具有一些特殊性,这种特殊性主要体现在购买者身上。在组织市场中,客户数量并不多,但客户的交易规模较大。比起消费者市场,组织市场客户的购买行为容易受到诸多因素的影响。一些组织建立了采购委员会,委员会由高管人员、行业专家和其他人员构成。

在购买一些关键性产品时,采购委员会共同制定采购决策。供应商在开展营销活动时会建立专业的营销队伍,营销人员具有较强的专业能力,掌握着多种营销方法和营销技能,他们的工作时间较长,积累了丰富的营销经验,接受过专门的训练,能够与组织市场中的客户进行协商交流。

专业性采购的交易规模较大、交易金额较多,一般情况下,客户直接从厂商购买产品,他们不会与中间商进行交易。

在组织市场中,客户的议价能力较强,厂商的议价能力较弱,有时客户还会要求卖方购买本公司的商品。在一些特殊场景中,买方要求卖方购买本公司的产品,以此来保证订单的安全性。在组织市场中,一些买方已经成为设备租赁方,他们用租赁的方式取代购买。承租人可以获得一些利益,例如,可以得到出租人的产品或服务以及享有税收优惠等。对出租人来说,不仅可以获得最大化的收益,还可以将产品销售给无法一次性付清货款的客户。

第三节 服务市场及其购买行为

一、服务市场概述

服务市场是指提供劳务和服务场所及设施,不涉及或很少涉及物质产品交换的市场。传统的服务市场是狭义的概念,即指生活服务的经营场所和领域,主要指旅社、洗染、照相、饮食和服务性手工业所形成的市场。现代服务市场是一个广义的概念,所涉及的行业不仅包括现代服务业的各行各业,而且包括物质产品交换过程中伴生的服务交换活动。

服务市场是伴随商品市场出现的,但服务市场的发展却在第二次世界大战以后的几十年间,尤其是在20世纪的后20年间。纵观服务市场的发展变化过程,显示出如下的发展趋势。

第一,服务市场规模扩大快,服务营销发展速度快。

第二,服务领域不断拓宽,服务市场结构日渐完善。

第三,国际服务市场中依然存在着区域间的差异,发达国家的领先地位与发展中国家的滞后状态形成反差。

二、服务市场购买行为

服务市场要想有效地推广其服务,除了要了解消费者购买、评价行为的特征之外,还必须从具体的购买过程来把握其消费行为特点。大体上,消费者购买服务的过程可以分为三个阶段,即购前阶段、消费阶段和购后评价阶段。

（一）购前阶段

购前阶段是指消费者购买服务之前的一系列活动。当消费者意识到有某种服务需求时，这一阶段就开始了，随着这种需求不断增强，消费者着手准备购买。这时，消费者开始从各种渠道搜集有关信息，他们首先会回忆以往所了解或者体验到的有关知识，试图从中找到解决办法，同时向亲戚、朋友和邻居征求意见和建议，或者翻阅报纸杂志、向专家咨询等，最后确定出最佳的选择方案。

（二）消费阶段

经过购买前的一系列准备，消费者的购买过程进入实际购买和消费阶段。对于有形产品而言，消费过程通常包括购买、使用和废物处理等不同过程，然而，由于服务具有生产和消费同时进行的特点，消费者购买服务的过程也就是其消费服务的过程。在这一过程中，顾客不是同其消费客体打交道的，而是表现为同服务提供人员及其设备相互作用的过程。

有形产品的使用是完全独立于卖方影响的，至于消费者何时使用、怎样使用以及在哪里使用都是他们自己的事，同产品的提供者没有任何关系。但对于服务来讲，则有着不同的情形。

服务生产与消费同时进行的特征意味着服务企业在顾客享用服务的过程中将起到重要作用。离开服务提供者，服务的消费过程是无法进行的，因为服务提供者同顾客一道构成了消费过程的两大主体。同时，各种服务设施的作用也不容忽视，这些设施是服务人员向顾客提供服务的工具，它们给顾客的印象还将直接影响顾客对服务市场质量的判断。

顾客在同服务人员及其有关设备打交道的过程中，已经开始对服务市场进行评价。从企业的角度来看，服务消费过程的这种特点为服务市场直接影响顾客对产品的判断提供了便利，而这对有形产品的生产者来说是不大可能的。

（三）购后评价阶段

让顾客满意是企业营销过程的最终目的，而顾客的满意度则来自他们对服务质量的评价。在提高服务质量的相关研究内容中，有关学者开始着重研究影响顾客评价服务质量的各种因素。顾客对服务质量的判断取决于体验质量和预期质量的对比，而预期质量受市场沟通、企业形象、顾客口碑及其需求的影响。

从购买过程的层面上看，服务的消费过程有别于有形产品的消费过程，因为后者一般包括购买、使用和处理三个环节，而且这三个环节的发生遵循一定的顺序并有明确的界限。

第五章　目标市场营销战略

目标市场营销战略是指企业根据其内部条件及外部竞争状况所制定的关于选择并占领目标市场的战略部署。这产生于现代市场营销理论基础之上，通过有效的策略或者方法可以满足消费者的需求、实现产品销售或者应对市场竞争，从而最终实现企业的营销目标。本章分为市场细分、目标市场选择、目标市场定位三部分。

第一节　市场细分

一、市场细分的概念

市场细分的概念最早由美国市场学家温德尔·史密斯在1956年提出，由美国营销学家菲利普·科特勒发展完善，形成了成熟的STP理论。市场细分是指从消费者的角度出发，通过市场调研，根据消费者的需求、动机、消费行为、消费习惯等方面的多元性和差异性来划分，把某一市场整体划分为若干消费者群的市场分类过程。一般可对目标客户、目标产品、市场营销者、市场关系等要求进行市场细分。

随着市场细分理论被广泛认可，其自身也不断吸收实践经验得到发展和完善。市场细分理论正逐渐向两个方向演化，分别是超市场细分理论和反市场细分理论。超市场细分理论是指现有的细分市场可以再度细分，实现一对一地为顾客提供个性化服务。反市场细分理论认为可以通过合并一些过于细分的市场、缩减现有产品的方式降低成本，实现以较低价格为更大的市场提供消费服务。

二、市场细分理论的发展

市场细分作为市场营销学中一个特别重要的核心内容，其产生和发展大致经历了以下三个重要阶段。

(一)大量营销阶段

在消费市场中存在供不应求的情况下,企业就面向整个消费市场采取大量生产和销售相同(即产品品种和规格都一致)的产品,并试图用来满足所有的消费者对同一类产品的需求的方法,可以节省产品的生产成本和企业的营销成本,促使企业取得大规模的经济效益。但其缺点也是显而易见的,产品形式过于单一,会造成消费者需求疲劳,并不能很好地满足消费市场多样化的需求,导致企业缺乏市场竞争力。所以说,大量营销阶段也是卖方市场阶段。

(二)产品多元化营销阶段

跟第一阶段相比,企业在这一阶段主要是生产和销售多种不同产品质量、产品规格、产品风格和产品特色的同一类产品,为迎合不同类别消费者的不同需求,在产品选择上为消费者提供了比较大的选择范围。尽管从产品类别上区别于第一阶段,但这个阶段的多元化营销还不是建立在市场细分的基础上的,不是企业立足于目标市场需求来组织的产品生产和销售活动。

(三)目标市场营销阶段

企业通过市场细分手段来选择一个或多个细分市场作为自己生产和销售产品的目标市场,并组织专人对细分市场中消费者的需求特征进行研究并针对特征专门设计符合目标消费者的产品,制定适当价格并结合适当的分销渠道和促销手段开展市场营销活动。企业按照消费者的需求来划分消费市场,可以使企业根据不同消费者的不同消费需求有针对性地生产和销售不同的产品,以达到利用其在新的消费市场中的机会去占领更大的消费市场的目的。

总的来说,这三个阶段都是反映市场细分理论随着市场经济变化而不断完善的过程,是细分理论不断趋于成熟的体现。

三、市场细分的作用

对企业来说,市场细分是实现市场战略目标的前提和基础,实施市场细分有利于巩固企业现有的市场阵地,即企业通过实施市场细分可以充分把握消费市场中不同顾客的不同需要,然后投其所好地开展市场营销活动,这样就可以更好地满足目标消费者的消费需求,以达到稳定企业现有市场的目的,从而提高企业的经济效益。

实施市场细分有利于企业在消费市场中发现新的机会,并选择其作为新的目标市场。企业通过实施市场细分可以充分了解目标市场中的购买能力、潜在消费需求、消费者满足程度和消费市场竞争状况，从而在消费市场中及时发现新的机会，便于企业及时采取营销对策，夺取市场竞争的优势。

此外，实施市场细分有利于企业制定适当的市场拓展战略和营销组合策略，把企业有限的资源集中使用到企业目标市场中，以取得最好的营销效果。

总之，市场细分就是企业在识别和发现目标消费者的过程中，利用差异化的产品和服务来满足特定目标客户群的需求；而在制定差异化的市场营销组合策略的过程中，有效的市场细分有利于企业挖掘和利用新的市场机会，集中各种人、财、物等信息资源制定市场营销组合策略。在此基础上，企业能够提高产品和服务的销量和质量，并且提高企业的竞争能力和经济效益，从而成为行业的领导者。建立有效的细分市场有利于企业识别和发现目标消费者，从而制定差异化的市场营销策略，提高销量和利润率。

综上所述，好的市场细分既可以扩大企业销售量，提高企业的市场占有率，又可以节省企业的营销费用。

四、市场细分的原则

（一）可衡量性细分市场原则

这一原则是指在进行市场细分时，细分所依据的相关标准、细分变量以及细分之后的市场，应该要具备可识别性和可度量性。

这些细分后的市场和市场之间要存在明显的区别，同时又在合理范围之内。如果我们很难对客户、细分变量的特点以及市场需求方向进行确定，就会导致细分之后的市场具备难以界定性和不可描述性，那么所谓的市场细分就会因其难以操作性而没有实际用处。

（二）可进入性细分市场原则

所谓可进入性细分市场原则指的是企业可以顺利进入事先选择的既定目标市场并开展一系列行之有效的市场营销活动。

这一原则强调企业进入目标市场开展营销策略的可行性。如果企业已经明确细分市场，可是却不能充分进入并为这个市场的消费者提供服务，那么企业对于目标市场的细分和选择也将没有实质性意义。

五、市场细分的程序

市场细分，一般按照一定的程序进行，通常分为以下几个步骤。

第一，正确地进行市场范围选择。企业根据本身的经营条件和经营能力确定市场的进入范围，如进入哪个行业、生产什么类型的产品、提供怎样的服务。

第二，罗列市场范围内潜在顾客的需求。根据市场细分的标准，尽量全部罗列潜在顾客的基本需求，当作后续深入研究分析的基本资料及依据。

第三，分析潜在顾客的不同需求，进行市场的初步划分。企业将所罗列的各种需求，采用抽样调查的方式进一步整理相关市场信息以及顾客的背景资料，从中选择细分市场。

第四，筛选。依据有效市场细分的条件，对所有细分市场进行研究分析，去除不合要求、没有价值的细分市场。

第五，为细分市场定名。为方便操作，可以结合每个细分市场中客户的特点为细分市场定名。

第六，复核。对细分后的市场进行研究、复核。

第七，决定细分市场规模，选定目标市场。在各细分市场中选择与本企业自身经营优势和特色一致的市场，当作目标市场。

六、市场细分的变量

通过理论学习和查阅文献，可以知道消费者在消费市场上的需求是天差地别的，而影响因素更是错综复杂的。下面介绍两种有关市场细分要素的不同观点。

第一，著名咨询公司麦肯锡总结梳理的市场细分要素包括地理位置、人口特征、使用行为、利润潜力、价值观、需求/动机/购买因素、态度、产品/服务的使用场合共8种。有学者认为结合第六种细分要素，可以勾画用户需求画像，寻求适合的产品设计方法，赋予企业独特的产品价值。

第二，市场细分的主要包括地理因素、职能因素、消费者行为与心理因素三个方面。其中，地理因素包括国家与文化的差异、城市因素与农村因素、自然气候因素与资源分布因素等。

细分市场能帮助经营者准确地选择目标市场、制定营销策略，有助于企业及时发现市场机会、开拓新市场，有利于提高竞争力和经济效益。常用的细分变量主要有四大类，即地理细分、人口细分、心理细分和行为细分。

地理细分是根据消费者所处的消费市场中自然环境、地理位置等因素的不同来进行细分的，比较常见的地理细分是按照地理位置、人口密度、地形、气候等特点，把一个整体市场细分为不同的小市场。一般情况下，以地理为标准细分消费市场是基于地理位置和区域的，即不同的地理位置和区域会造成消费者对同一种产品的需求和偏好不同，此外，消费者对企业的营销战略也会有不同的反应。

人口细分是按照消费者在消费市场中的性别、年龄、职业、受教育程度、收入水平以及家庭规模等特征差异来进行市场细分的。在通常情况下，消费者对产品的需求、偏好与人口统计特征有着密切的联系，例如，居民收入水平较高的消费者就会经常购买和使用一些档次比较高且价格比较贵的产品。

心理细分是按照消费者在消费市场中的生活态度、个性特征、购买动机和消费习惯及所在的社会阶层等因素来进行市场细分的，从而把消费者细分为不同的消费群体。消费者个性特征和购买动机是心理细分中最难衡量的两个变数，要想把这两个变数运用好，在一定程度上来说比较困难，但由于它们对企业研究市场细分、选定目标市场具有重要意义，因此，企业必须对消费市场进行大量的、细致的调研工作，加强对消费者心理活动的研究。

行为细分是指企业按照消费者在消费市场中对产品或服务的态度、理解程度以及使用情况等行为变量将消费者划分为不同的消费群体。可见，行为变量可以更直接、更具体地反映消费者对产品的不同需求，因此它可以成为市场细分的最佳起点。

第二节　目标市场选择

一、目标市场的含义

目标市场是指企业决定要进入的市场。在现代市场经济条件下，任何产品的市场都有许多顾客群，他们各有不同的需求，而且他们分散在不同地区。因此，一般来说，任何企业（即使是大公司）都不可能很好地满足所有顾客群的不同需求。因此，公司应为每个目标市场仔细定义并制定适当的市场营销方案，如此才能做得更好。目标市场的选择和确定是企业制定市场营销战略的基本出发点。

二、目标市场的选择模式

在市场细分后，企业结合项目具体情况、自身优势资源及经营目标等多方面因素，对希望进入的细分市场进行判断和选择。

当前，目标市场的选择模式主要有以下五种。

（一）市场集中化模式

这是最简单的目标市场选择模式，企业聚焦单一细分市场，通过单一经营对象获得较高市场占有率。此模式适合小型企业规避资源有限的发展短板，但目标市场范围较窄，经营风险较高。

（二）产品专业化模式

该模式是指企业集中开发一种产品，并向多个目标市场的客户群体销售这种产品。企业通过这种模式，可以相对扩大市场受众规模，有利于降低对个别细分市场的依赖，同时又能相对集中资源，提升某个特定产品的专业度，以及品牌美誉度。但是，若产品过于单一，将可能不足以适应个性化需求。

（三）市场专业化模式

该模式是指企业专门为满足某个细分市场的各种主要需求而提供产品。采用这种模式，有助于发展和维系企业与该特定目标客户群之间的关系，降低交易成本。

（四）选择专业化模式

该模式是指企业根据自身的经营目标和资源，选择若干个相互之间联系很少或根本无联系的细分市场（即多元化），在每个细分市场赚取利润。采用这种模式，可以通过多个细分市场的进入有效地分散经营风险，但对企业经营能力有较大考验。

（五）市场全面化模式

该模式是指企业通过开发各种产品来满足各细分市场的需求。只有实力雄厚、具备丰富运营能力的大型企业才能采用这种模式。在经济一体化发展的今天，如何把目标市场的选择与企业经营目标以及顾客的多层次消费需求进行有效的整合，将是未来各企业积极实践和探索的方向。

三、目标市场的选择策略

在进行目标市场选择时，一般会运用无差别性市场策略、差别性市场策略、集中性市场策略，确定一个或几个具有一定规模、市场发展前景较好的子市场作为目标市场。概括来讲，目标市场确定策略如表 5-1 所示。

表 5-1　目标市场选择策略

策略	内容	优缺点
无差别性市场策略	将整个市场作为目标市场，只考虑消费需求共性，不考虑差异，运用一种产品、一种价格、一种营销方式吸引尽可能多的消费者	优点：产品单一，能以同一质量标准大批量生产，能降低生产和销售成本； 缺点：容易形成激烈的市场竞争
差别性市场策略	将整体市场细分为若干子市场，针对不同市场设计不同产品，制定不同营销策略以满足不同的消费需求	优点：有利于扩大销售、占领市场、提高声誉； 缺点：增加了管理难度，提高了生产和销售费用
集中性市场策略	在细分市场后，选择2个或少数几个细分市场作为目标市场，实行专业化生产和销售，从而提高市场占有率	优点：能集中优势力量，生产或提供适销对路的产品或服务，降低成本，提高企业或产品的知名度； 缺点：因市场较小、品种单一，如市场需求发生变化，经营者可能应变不及而陷入困境，因此有较大的经营风险

选定的目标市场应具有一定的规模和发展潜力，目标市场中按细分变量选择的细分市场应是每一细分层级中最具吸引力、最符合企业机构发展目标和经营者能力的市场。

第三节　目标市场定位

一、目标市场定位的概念

1969年，美国营销战略家杰克·特劳特首次提出"定位"这一概念。同年，他在《工业营销》杂志上发表了文章《定位——同质化时代的竞争之道》，提出心智就是战场，它只接受那些与之前经验或知识相符的东西，而作为企业，在潜在客户心智中占据一个位置十分必要。

1972年，艾·里斯和杰克·特劳特共同所著的《定位时代的来临》在《广告时代》杂志上发表，"定位理论"进入世界营销的舞台，从此，世界营销进入了定位时代。此外，他们提出，所谓定位就是指把产品定位在潜在客户的心中。

1980年，他们联手出版了《定位：争夺用户心智的战争》，书中阐述了定位观念的产生，剖析了满足需求却无法赢得用户的原因，给出了如何进入用户心智以赢得用户的定位之道，并把其评价为继"科学管理之父"弗雷德里克·温斯洛·泰勒的"科学管理"和"现代管理学之父"彼得·德鲁克的"管理"之后的第三次生产力革命。

20世纪70年代，菲利普·科特勒对温德尔·史密斯于1956年提出的市场细分的概念进行了完善，形成了STP理论，即企业在一定的市场细分基础上，确定自己的目标市场，最后把产品或服务定位在目标市场中的确定位置上，S、T、P对应的分别为市场细分、目标市场和市场定位。他认为，所谓市场定位就是对公司的产品进行设计，使经营者区别于其他竞争对手，从而在目标消费者中形成特有的个性或形象，通过这种感知差别从而取得竞争优势，使自身与其他经营者严格区分开来，并在顾客心中占有特殊的位置。

目标市场定位内容包括产品定位、企业定位、竞争定位、消费者定位，定位的形式包括产品差别化、服务差别化、人员差异化、形象差异化。但目标市场定位与传统的产品差异化有本质区别。传统的产品差异化是从生产的角度出发追求产品的变异，而目标市场定位是为了寻求并建立某种产品特色。经营者要结合消费者的痛点以及竞争者的软肋，对自身的产品和服务如何满足消费者需求进行差异化定位，在激烈的市场竞争中脱颖而出。

二、目标市场定位的实质

目标市场定位的核心理论就是抢占消费者的心智，无关乎企业体量的大小，哪怕是再小的企业也应该有自己的定位，都需要先了解自己的消费者、界定自己的竞争对手，并找到自身的优势资源。

企业的目标市场定位是由企业自身在市场中所处的位置所决定的，市场定位并非单纯地指找到产品的差异，而是应该在清楚地认知到竞争对手在市场上的位置后，找到其所在市场上的其他空白位置并占据。若无法找到市场上相应空白的位置时则需要去重新定位竞争对手，但是这一切的前提是以消费者为中心进行的。目标市场定位是一种思维方式，不能仅仅用量化的方式去套用概念，同时它也是一个动态的过程。

首先，目标市场定位不像传统营销那种由自身产品来决定外部市场与消费者需求，而是先了解消费者需求再决定自身产品，将产品市场的主导权与决定权赋予消费者。按照这样的变迁，企业首先要做的是去寻找消费者心智中未被开发的点，以此为目标来确定目标市场，最后专注于某一类产品直至占据消费者心智中关于此类产品空白的位置。

其次，目标市场定位与传统营销的步骤不同。传统营销先决定自己计划营销的产品或服务，再以此为基础为其确定目标市场，最后将其优势用合适的方式传递给消费者。而目标市场定位则不同，目标市场定位所提倡的营销步骤是指企业首先应研究与调查潜在消费者，找寻并了解潜在消费者心智中所空缺的位置并分析哪方面的空缺可以供企业充分挖掘及利用。

当然，调查与研究只是其中的一个环节，并非重点，重点是能够掌握消费者心智的规律。例如，众所周知，可乐界的两位龙头老大——百事可乐与可口可乐，现如今两家似乎势均力敌，但曾经的百事一直被可口可乐压制甚至计划将自己卖给可口可乐。在可乐行业，刚开始一直有可口可乐这样深入人心的大品牌在，其他可乐想要从中分得一杯羹，难度可想而知。作为可乐行业的后来者，百事可乐之所以能做到如今与可口可乐平分秋色的位置，与它能够挖掘到可乐市场上消费者心智中的空白位置并进行精准定位息息相关。百事可乐在经历过与可口可乐交战惨败后一直在分析，它想的是既然可口可乐是行业老大而自己作为该行业的新人就得观察、调研消费者需要什么，他们最后通过调查发现当时的美国年轻人越发活跃、追求个性，希望使用的产品也越发个性化、差异化。百事可乐抓到了这个在当时属于消费者心智中空白的点，针对年轻用户进行重新定位，成为新生代可乐的品牌形象，并且邀请了当时年轻人热捧的迈克尔·杰克逊拍广告片，全方位地推广自己的定位——新一代的选择，从而反衬出可口可乐是过去与传统，年轻人选择可口可乐无法像选择百事一样体现出"酷"。

仅用了一个月的时间，百事可乐的销售量出现直线飙升的现象。实际上，恐怕很少有人能喝得出来百事可乐和可口可乐在口感上有何新旧之分，关键在于百事可乐找到了消费者心智中的空缺并利用起来制定适合自己的市场定位，最终为自己创造了巨额利润。

作为行业第一很重要，但是行业第一不代表一定有市场地位。市场营销教材把定位放在战略营销的核心位置，主要是市场细分、目标市场、市场定位以及营销计划。成功的定位有助于聚焦品牌，将自己与竞争对手区分开来，满足客户需求，提升用户忠诚度及消费者衍生的品牌价值定位；恰当的定位有助于增加公司的长期竞争力优势；有效的定位与优越的性能及卓越的业绩、利润有直接的关联性。

三、目标市场定位的研究成果

国外学者对目标市场定位研究起步较早，已渗透到生产生活的方方面面，如企业的项目定位、品牌定位、产品定位等。国内学者对市场定位的研究相对较晚。

（一）理论研究成果

清华大学经济管理学院教授李飞于2003年提出了三步定位法，2004年则提出了三维定位法，同年还提出了市场定位钻石模型。在三步定位法中，第一步是寻找目标顾客，就是决定舍弃一部分顾客，选择一部分顾客；第二步是确定满足目标顾客的什么需求，从而实现产品价值；第三步是如何满足该需求，通过营销组合来实现，这可以说是市场定位钻石模型的雏形。

在2004年，李飞提出，如果从4P（产品、价格、推广、渠道）中挑选产品作为对象进行定位，那么就应该进行价值定位、利益定位以及属性定位，也就是三维定位法。他通过佳洁士牙膏的例子，运用手段—目的链阐述了"做个好妈妈"的价值定位机理，并指出价值定位的基础是利益定位，而两者都依赖于属性定位。

同年，李飞对前期的研究进行了更深入的阐述和发展，他提出定位涉及三个关键任务：①准确识别消费者的需求并确定定位的范围或者外延；②明确自身在定位主张中强调的消费者收益和价值；③制定相应的4P营销组合以支持自身的定位主张。

此外，他认为，市场定位需要围绕三个维度进行：①制定定位策略的程序；②在程序方面的每个具体步骤上需要完成的核心任务；③任务方面的每个具体措施所对应的4P范畴。

李飞进一步建立了市场定位钻石模型：首先是找位，通过市场研究找到目标消费者群体，并了解他们对4P的需求特征；然后是选位，细分目标消费者利益并选择满足目标消费者利益点，这就是确定利益定位，并根据该利益点确定属性定位和价值定位；最后是到位，通过营销4P要素组合来实现前面第二步确定的定位。该研究成果将定位理论转化为品牌定位的操作工具。

近些年，已有制造型企业、零售企业、服务企业以及生态农产品电商平台开始运用该框架进行市场定位研究，并为企业的市场定位及管理带来了一定的启示。

此外，李飞于2005年在研究中完善了定位点的概念，认为它是营销要素中的某一个特征，并且最受消费者关注，可能体现在为消费者提供的利益或者价值方面。在定位点研究中发现，在消费者心目中建立清晰的定位点是零售企业成功的关键，每个工作最好拥有主要定位点和次要定位点，定位点可以从零售企业六大营销组合要素——商品、服务、价格、便利、购物环境和沟通中进行塑造。2006年，他在个人著作中将市场定位钻石模型完善为钻石图定位法，形成了其在市场定位领域的理论框架。

孙军锋在研究中承认了目标市场定位的重要性：目标市场定位能够创造企业以及产品的市场特色，是企业制定营销组合策略的基础，能够形成企业的竞争优势。研究了市场定位的三个影响因素：消费者的需求特征，即影响消费者选择产品或服务的关键因素是什么；竞争对手的定位状况，即竞争对手所提供的产品或服务有什么特色，他们在向消费者传递的产品或服务特色是什么；企业自身状况，自身的产品或服务能够满足消费者的哪些需求，为消费者提升哪些价值，有什么特色，自身的产品或服务在哪些地方优于竞争对手，并以以上三个因素为框架建立了目标市场定位框架。

李飞于2009年对品牌定位点模型进行了研究，在定位什么、什么定位、如何定位三个过程中，将利益、价值和属性三种定位点从产品属性、价格属性、渠道属性和沟通属性四个要素的角度出发进行逐一呈现；从利益、价值和属性三个定位阶段总结出了十八个步骤的定位方法，为企业提供了清晰的品牌定位点的选择模型图。该研究将定位的过程和定位点的选择进一步具体化。

中小企业定位、定位理论体系专家鲁建华将目标市场定位理论的核心归纳为"一个中心两个基本点"，即以打造品牌为中心，以竞争导向和进入顾客心智为基本点。

蓝进认为目标市场定位是企业在战略意义上的定位，指的是企业的目标和方向，且产品定位和竞争定位隶属于市场定位。

余卫潮认为目标市场定位是指消费者心中对品牌的认知，要用不同的营销策略使消费者明显感觉到差别，从而使品牌和产品在顾客心中占有特殊的位置。

（二）实证研究成果

孙瑾研究了产品属性的可比性对用户进行产品评价时的影响，发现在共同评价模式中，可比属性较好的品牌能够从用户那里获得更好的评价，在单独评价模式中，不可比属性较好的品牌则能够从用户口中得到更好的评价。根据这一结论，企业在制定市场营销策略和开展市场营销活动中，当所提供的产品或者服务的可比属性优于竞争对手时，可以展开自身产品和对方产品的对比，在共同评价模式中获得优势地位。如果情况相反，在市场传播中应当避免和对方产品的对比，并通过差异化战略，创造对方不具有的优势。

陈婷等人在研究中将返现销售策略引入企业产品定位中，证明了返现销售策略对产品定位的影响，同时未影响优势企业的产品差异化水平[1]。

---

[1] 陈婷，侯文华，张新鑫. 返利促销模式下竞争性企业产品定位决策[J]. 软科学，2019，33（12）：72-79.

张春敏、刘超对分层贝叶斯随机效应模型在市场定位中的应用研究表明：调整产品属性的组合，有利于企业改善提供给用户的产品和服务，从而进一步进行产品的差异化定位。企业甚至能够通过"大数据+制造"这一模式，优化产品配制，提供有针对性的产品和服务，满足用户个性化需求[①]。

张春蕾从消费者的角度出发进行市场定位，通过深入挖掘消费者需求，提出了国产母婴品牌启用初期要立足本土、细致服务、营造奶爸话题、打破销售渠道壁垒等四方面的营销传播策略[②]。

周秋雨从市场参与者角度出发将市场定位分为以王老吉为代表的市场领导者定位，以甲壳虫为代表的市场追随者定位，以百事可乐为代表的市场挑战者定位，以维珍为代表的市场补缺者定位；并提出运用市场定位理论时需克服理论发展可能存在的忽视个体差异化需求、忽视需求动态辩护、忽视中小或新兴产业动力不足等局限性弊端[③]。

武宁等人立足于消费者角度对灵山森林公园进行客源市场定位，根据公园特点及发展方向将客源市场分为一级、二级、三级和专项客源市场四个等级，并提出广告宣传、公关宣传和互联网营销等营销建议[④]。

杨桂菊等人通过对小米公司的研究表明：本土制造业在面对强大的国内外竞争对手时，可以基于用户的需求提供差异化体验式服务以及完善服务系统，以颠覆传统的服务设计；本土企业还可以整合内外部资源，对运营模式进行创新，在销售渠道方面实现和竞争对手的差异化；同时，在产品的设计、开发、评测和反馈等环节和用户进行互动，更加了解用户的需求，对产品进行合理的优化，在这一过程中，提高了用户参与度，便于建立紧密的用户关系[⑤]。

我国学者对定位理论进行了深入探讨并提供了研究模型和定位实施路径，但是近些年来，商业的基础设施发生了翻天覆地的变化，移动互联、大数据、云计算、5G等技术的出现颠覆了传统的商业模式，同时也催生了更加丰富的传播渠道，拉近了企业和用户的距离，改变了企业和用户的关系，在这种情况下，定位理论在我国的实践方式应该得到进一步拓展。

---

① 张春敏，刘超.分层贝叶斯随机效应模型在企业精确市场定位中的应用[J].西藏大学学报（社会科学版），2017，32（4）：191-197.
② 张春蕾.国产母婴品牌市场定位策略研究[J].品牌研究，2018（6）：45.
③ 周秋雨.定位理论与企业战略[J].现代营销（经营版），2019（4）：141.
④ 武宁，苏阳，梁鹏鹏，等.灵山森林公园旅游市场定位及营销规划[J].现代农村科技，2020（12）：4.
⑤ 杨桂菊，陈思睿，王彤.本土制造企业低端颠覆的理论与案例研究[J].科研管理，2020，41（3）：164-173.

四、目标市场定位的理论依据

一般情况下，可以结合体验营销理论制定个性化定位评价体系，因此，这里最主要的相关理论就是体验营销理论。哥伦比亚大学商学院教授伯德·施密特早在1999年就提出了体验营销概念，即"一种为体验所驱动的营销和管理模式"。

在2001年，伯德·施密特教授结合了消费者感官、情感、思考、行动、关联等方面的因素，丰富了体验营销的定义。《体验经济》的作者詹姆斯·吉尔摩以及约瑟夫·派恩曾阐述过：体验营销主要是指企业将顾客作为销售的中心、将产品视为销售的道具、将服务视为销售的舞台，将满足顾客的心理需求及精神渴望视为起点，为了能够让顾客在消费体验过程中尽可能多地获得精神满足并且拥有美好奇妙又印象深刻的体验感，特别注意安排关于顾客在消费时会发生的消费事件并为顾客设计特定的消费过程。

美国经济学家科特勒曾提到体验营销会带来体验经济，他在自己的营销观点里也阐述过：伴随着体验经济的到来，消费者由追求物质转为追求精神消费，开始聚焦于自己的消费体验，因此，企业应该以满足顾客的体验需求为手段来提高顾客的消费体验。体验营销若运用得当则可以成为企业增长财富以及提升自身竞争力的有效工具。

后现代主义为研究消费者的消费行为和消费相关的现象提供了一个富有成效的理论视角。与后现代主义基础理论核心相吻合的是体验营销研究中的"关注于研究消费者情感以及消费者通过消费来积累有意义的体验"的理论观点。

事实上，体验营销方法的兴起可以被视为后现代消费文化的主要宗旨之一。这一研究与营销领域的消费者文化理论传统密切相关，包括对消费行为的多感官体验和消费行为情感维度的探索。科特勒的体验经济时代即新经济时代，企业的所有业务应当围绕顾客并以提供令顾客满足且能留下深刻印象的体验服务为目标，也就是指企业的目标是满足用户的需求，企业的运营平台是服务产品，载体是有形产品。能够满足用户需求才是企业生产经营的主要目的，企业要尽全力缩短与消费者之间的距离，最终实现企业经济效益的增加。

在新零售经济时代，企业与消费者产生共情尤为重要，而体验营销是让企业与消费者产生共情的直接桥梁，影响消费者的购买因素就是他们的预约体验，因此，谁能在消费体验上征服他们谁就能赢得消费者。这也就解释了为什么像苹果、阿迪达斯、三星这些知名品牌的企业还要不断新建体验店，因为如今的市场是由消费者认知所决定的。

与追求物质生活的传统消费者不一样的是现如今的消费者追求的是能够满足自己精神需求的产品。有需求就有市场，这正是体验经济必然来临的原因，它可以通过满足消费者的精神需求从而产生经济效应。例如，体育比赛与演唱会这些能够吸引消费者的主要原因在于消费者能够置身其中。

五、目标市场定位的重要环节

目标市场定位的全过程由以下三个环节组成。

第一，认知竞争环境。在企业进行市场定位前，通过市场调研，摸清竞争对手的产品定位，了解消费者对其产品定位的态度和反应，企业才能最大限度地满足细分市场的客户需求。

第二，明确自身优势。企业的自身优势是企业能立足于细分市场的保障，消费者的选择其实是不同企业产品优势对比的过程，企业需权衡自身开发建设、产品设计、营销推广、售后服务等多方面因素，与竞争对手比较，选出自己的优势环节，将竞争优势转化为经济效益，弥补短板。

第三，执行市场定位策略。企业通过对竞争对手、消费客群的分析后，开展一系列的营销推广活动，将企业、产品形象根植于客户心中，迎合潜在客户需求并获取好感，在客户心中留下深刻印象，并通过各种方式加强其印象和好感。

六、目标市场定位的主要方法

依据目标市场定位理论，寻找市场定位的方法主要可以概括为以下三个方面，即定位基础的消费者认知、定位导向的竞争对手和定位条件的自身。

（一）定位基础的消费者认知

所谓基础的消费者认知也就是指从用户角度切入并找准自己的定位。

1.发现并精确定位目标消费者

许多企业经常将大众作为自己的目标消费者，缺乏精准的目标消费群，这样非常不利于企业定位。实际上，越是精准、具体的目标消费群越有利于企业找准自己的市场定位。

精确自己的目标消费群指的不是单纯地搜集与分析人口统计上的个人资料，如年龄、性别、学历、住址、信仰等，这类信息对营销与定位的意义并不大。这里所说的精确自己的目标消费群体是指跨越了年龄、性别、区域、宗教的限制条件，一些人在消费模式上、品牌偏好上、个性特征上有共同的特点，这些人是最有潜力来消费自己产品的群体。例如，百事可乐的新一代战略是"新一代可乐"，所瞄准的目标群体是追求年轻的一群人，只要你自己向往年轻或希望别人认为你更年轻点，都可以喝百事新一代来标榜自己的年轻，即使你已是耄耋之年，只要你有一颗向往年轻的心就是百事可乐的目标顾客。

2. 运用心智阶梯研究顾客消费思维

要想了解顾客需求首先要了解定位中非常重要的两个概念——心智资源和心智份额。一个企业的定位是否占据有价值的心智资源决定其定位是否成立，一个企业的品牌占据多少心智份额决定了将来会占据多少市场份额。要了解顾客认知首先要了解顾客的心智资源。在商业界，运用人们的认知去定位品牌，最常用的方法就是借用行业普遍的心智资源，这也是最快捷的路径。

了解心智资源前需要先认知消费者的心智。在消费者的世界中，认知大于现实。这里的认知是指将外部信息进行加工与应用的状态及过程，而消费认知与真正的现实之间可能吻合也可能不吻合，因为人们常常是活在自己的认知所构建的世界里，更愿意相信自己的判断。例如，来自沿海城市的海鲜连锁品牌会让人觉得其所售的海鲜更正宗更新鲜，但是如果是来自西北或者东北的相关品牌，即使它们也是每天从海边空运海鲜过来，消费者仍然觉得没有来自沿海城市的海鲜连锁品牌让人更信服。很少有消费者会花大力气去了解背后真正的事实，只要自己的认知觉得是这样那就是这样。

随着技术的进步，同一类型的产品会越来越相似，人们能够发现的差异是由品牌本身创造的，好产品并不意味着一定能够建立起品牌，但是好品牌建立起来后，消费者一定认为其产品好，所以在保持领头的成功品牌中，其产品质量的差异所占因素很小。而在这个互联网时代，能够成为品牌是因为能够在人们的心智中存在，能够被记住并留下一席之地。

确定了自己的目标消费群后，就需要研究自己的顾客们都是如何思考的。定位之父艾·里斯曾打了个形象且经典的比方——"你若想吃到鱼，你得先像鱼儿一样思考"。那么，要想知道自己的"鱼儿"是如何思考的，首先应该先了解人们大脑的运转方式。因为人的大脑每天需要接收并处理大量的信息，大脑为了不让自己被这些杂乱信息给吞噬从而进化出一种自己能理得清的思维方式即通过大脑后台运转，自行分类从外界所接受到的品牌及产品信息并进行排序。而这种排序也被其形象地比喻为梯子，也就是心智阶梯，可以通俗地理解为消费者在接收到某一产品时心中自然跳出来的自己所认可的品牌名的排序表。在艾·里斯的心智阶梯论中，这样的排序不是无限排下去的，而是有数量限制的，每个产品对应7个品牌的记忆空间。

想要快速地让目标消费者认识自己，最好的方法就是迅速占领消费者心智阶梯中尽可能靠前的位置，因为排序靠后的品牌想要自己向上爬是很困难的。梯子中的每一层对手都会还击，还没等爬到第七层就已经被对手乱拳打死。此时我们真正要关注到的是心智阶梯所具有的两大特性，即物理特性与精神特性，可以尝试从分析特性入手。

首先就是物理特性，消费者在购买产品时会有几个标准和理由，就比如购买去污清洁用品，有的希望重点去油脂类污渍，有的希望重点去色素酸类污渍，有的希望重点去蛋白质类污渍等，而像针对油脂类、色素酸类、蛋白质类的功能性等则属于产品的物理特性，源于产品本身。

其次，有些特性的来源并非产品本身，它们往往属于认知层面，是外界赋予的。这些特性虽然难以摸到、看到，却能够对消费者的购买决策产生影响，这就是所谓的精神特性，最典型的例子就是海底捞的服务。然而，在人们的心智中，所有的特性都是有排序的，这无关是认知特性还是物理特性，因此，在消费者的心智中寻找空缺才是真正的定位，一旦在做定位时脱离了客户和消费者，基本上就是缘木求鱼、南辕北辙了。

（二）定位导向的竞争对手

总结过往的研究结果与经营，可以发现最有效的寻找定位的一个方法就是提前对自己的竞争对手做好界定并将其作为目标，这是因为竞争对手往往会对自己应采取的竞争方法产生直接的影响。以竞争对手为目标的竞争方法主要有关联竞争对手与攻击竞争对手这两种。

1. 界定主竞争对手

现如今，实体店老板在关于界定自己的竞争对手上常犯的错误有以下三类。第一类，认为自己的竞争对手多到无法分清其主次；第二类，认为自己企业发展良好到没有竞争对手；第三类就是和谐心理企业家，这类是指不与他人竞争，只与自己比，做好自己，认为只要战胜自己就战胜了全天下。

但是实际上，市场不是真空的，只要在市场中都会面临品类或品牌的竞争，不可能只有自己。我们不用将所有竞争对手都找出，那样所要考虑的成本也非常高，我们应该做的重点是界定主竞争对手，至于如何界定可以用以下三条界定标准。

第一条，主竞争对手的市场应比自己的大。在市场中只有竞争对手的市场份额足够大，自己才有将其市场份额抢过来并壮大自己的可能性。第二条，对方的产品和自己的产品互为替代关系。在顾客购买中，自己可以替代对手，这需要自己与对手在同一竞技场上，例如，苹果公司和宝洁公司的产品种类并无替代关系，所以不可能成为彼此的竞争对手。第三条，在替代过程中，要能凸显出自身的优势，优势越明显，定位的作用越大。

接下来我们以香港的维他奶的定位思路为例，来论证如何运用这三条标准界定竞争对手。香港的维他奶主营产品为豆奶，而豆奶刚进入市场时，作为一个全新的品类是如何界定自己的主竞争者的呢？首先，它分析营养早餐这个大类中有哪些营养饮料。分析后发现，现有市场中有牛奶、果汁、豆奶，其中牛奶的市场是千亿级的，果汁是百亿的大市场。根据第一条标准，主竞争者的市场要大于自己的市场，毫无疑问，牛奶与果汁这两个品类都适合作为竞争对手。其次，分析在豆奶品类中可以替代谁。喝牛奶主要补充的是蛋白质且是动物蛋白，喝果汁主要补充维生素，而豆奶是典型的植物蛋白饮料，也可以补充蛋白质，所以它可以替代牛奶但不能够替代维生素。最后，看在替代过程中能否凸显自身的优势。就像植物蛋白不可能完全取代动物蛋白的道理一样，豆奶无法完全代替牛奶。但对于关注脂肪和胆固醇的消费者而言，比起牛奶会更愿意选择豆奶，于是豆奶飞快地成了人们健康观念之下的新选择。香港维他奶正是在此原理的基础上将牛奶作为竞争对手，提出零胆固醇、零反式脂肪的营养早餐的定位，并获得了成功。

2. 发觉顾客购买对手产品的理由

要想发觉自己的潜在顾客购买竞争对手产品的理由，首先应该做的是直接询问顾客的想法，其次就是将自己当作顾客，将产品和相关知识抛在脑后，站在顾客的角度去思考才能更客观地做出评价。

（三）定位条件的自身

在用户的心智中找到竞争对手没有占据的空位后，接下来就是要评价自己是否有条件且有能力占据这个空位。在许多失败的品牌定位案例中，其主要问题就出在这个环节上，虽然它们的定位是有价值的而且也是正确的，但是由于对自身条件评价的不足或过于乐观而酿成了悲剧，这也是非常可惜的。在自身评价中，最关键的就是评价外部资源和内部资源。

首先，企业所创的品牌与其之前留在消费者心智中的认知是否一致就是定位中的评价外部资源。

其次，内部资源指的是自己的产品或服务的功能和作用能否填补所发现的空位特性，即自己的资金是否充足以及能否保障自己把心智中的这个阶梯给攻克下来。

第六章　市场营销管理及其过程

在激烈的市场竞争中，企业要想提高自身竞争力并在市场中占据一定的地位，就需要采取恰当的营销管理方式，使企业产品更好地和市场对接，从而提升企业的经济效益。本章分为市场营销的组织、市场营销的计划、市场营销的控制三部分。

第一节　市场营销的组织

一、市场营销组织的概念与特征

（一）市场营销组织的概念

市场营销组织是指对企业内部涉及企业营销活动的各种资源的合理搭配，并且协调各个职能部门之间的关系，以达到企业的市场营销目标。

理解市场营销组织的概念需要注意以下几方面问题。第一，职位是与营销活动紧密相关的。对不同的企业来说，其营销活动并不是完全相同的，而是有什么样的营销活动就会有什么样的职位，特别值得指出的是，并不是所有的营销活动都发生在同一组织岗位上，不同的岗位可以为同一营销活动而共同努力。第二，营销活动不是孤立存在的。企业的所有营销活动并不是全部由营销部门来独立完成的，而是需要其他部门的协作与配合，所以市场营销组织的工作范围是没有十分明确的界限的，营销部门应努力成为企业经营一体化的核心。第三，职位与结构的效能与人的素质密切相关。市场营销组织可以理解为各个营销职位中人的集合。企业的各项营销活动都是由人来承担的，因此，对人的管理比组织结构设计更为重要。当然，完善的组织结构是企业具有效率的必要条件。

（二）市场营销组织的特征

1. 系统性

市场营销组织的系统性是指现代企业要用系统理论来管理营销组织，要求各部门一致行动，不得各自为政；要求每一部门的职能活动必须从全局出发，以充分保证企业总体利益的取得；要求企业的每一行为必须是符合企业总目标要求的，每一职能部门的活动必须是企业总行为的有机组成部分。

2.适应性

市场营销组织的适应性是指企业的营销组织机构必须适应外界环境的变化，能够对瞬息万变的市场环境做出迅速的反应和决策。如果企业的营销组织不能根据外界环境的变化做出决策，就可能错失良机。

二、市场营销组织的管理

（一）市场营销团队管理

市场营销团队管理功能主要用于企业市场营销团队的日常信息管理、销售管理，主要涉及团队基本信息管理、失效管理以及团队教育培训管理。

其中，团队基本信息管理主要用于团队基本信息的维护，包括团队登记、团队代码维护、团队主管指定、团队信息维护以及团队关系维护，加强企业对营销团队人员稳定、销售情况的管理，提高团队的销售业务以及产能；失效管理功能主要用于团队和主管效力的管理，包括团队失效管理和主管失效管理，有利于保证团队的质量和业务水平，促进团队主管对团队人员的管理；团队教育培训管理功能主要用于团队人员的建设、教育和培训，通过销售技能的传授教学，提高团队的业务水平和业务能力。

1.团队基本信息管理

团队基本信息管理功能包括团队登记、团队代码维护、团队主管指定、团队信息维护以及团队关系维护。

团队登记功能主要用于登记申请建立的团队信息，包括查询、添加、修改、删除等。

进行团队登记维护时，需要完善的信息有序号、团队代码、团队名称、上级机构、团队级别、渠道类型、团队重点类型、生效日期、主管代码、主管姓名和备注。进行团队登记信息查询时，可以根据团队代码和团队名称两个查询条件来进行查询，其中，团队代码的查询更为精确，团队名称查询为模糊查询。进行团队代码维护时，需要完善的信息有序号、所属部门、团队代码、团队名称、旧团队代码和备注。

团队主管指定主要分为三个子功能：主管指定、主管互调和主管变更。主管指定用于向当前没有主管的团队指派主管；主管互调用于两个团队的主管互调，团队中的成员仍保留在原团队中；主管变更用于同一个团队中主管与当前团队的成员互换。进行团队主管指定时，需要完善的信息有序号、团队代码、团队名称、主管代码、主管姓名。

团队信息维护负责的数据项是团队名称、团队级别、团队类型以及团队重点类型。进行团队关系维护时，需要完善的信息有父团队代码、父团队名称、子团队代码、子团队名称、起始时间、终止时间和备注。

2. 失效管理

失效管理功能包括团队失效管理以及主管失效管理。

团队失效管理主要包括查询、有效、冻结、失效等功能，主要对团队中无有效人员的团队进行失效管理，需要完善的信息有序号、团队编码、团队名称、团队状态、锁定状态等；需要注意的是如果待处理的团队中有人员存在，则此团队无法进行失效管理。

主管失效管理主要用于取消当前团队主管的职责，但是失效后的主管仍然是团队的一员。

进行主管信息查询时，可以根据主管代码和主管姓名等条件进行查询，得到的信息包括序号、主管代码、主管姓名、职级、所管团队名称等。

3. 团队教育培训管理

团队教育培训管理功能包括团队教育培训查询和团队教育培训维护。

团队教育培训管理主要用于企业对营销团队的教育和培训管理。进行团队教育培训查询时，可以根据团队代码和团队名称进行查询，其中，团队代码用于精确查询，团队名称用于模糊查询。团队教育培训维护负责的数据项是培训级别、培训类型、培训内容、培训开始时间、培训结束时间、培训地点、培训表现、考试结果、培训费用以及备注等。

（二）市场营销人员管理

市场营销人员管理主要用于团队内部销售人员的基本信息管理，主要涉及人员基本信息管理，人员异动、离司、职级管理，人员教育培训以及人员考核保护等操作。

其中，人员基本信息管理主要用于销售人员的基础信息维护，包括人员增员管理、资质证书信息维护、劳动合同维护、人员信息登记维护、奖惩信息维护等，有利于提高销售人员的素质和能力；人员异动管理主要用于销售人员在不同团队之间的调动，增强销售人员的工作弹性；离司管理主要用于公司人员离司流程的管理，包括黑名单管理、离司流程管理和合同变更管理，完善公司人员离司流程，提高离司手续的办理效率；职级管理主要用于销售人员职级的升降，通过职级的变动来提高销售人员的销售热情；人员教育培训管理主要用于人员销售技能、销售法规的培训和学习，以此来提高销售人员的业务水平；人员考核和管理主要用于销售人员的考核保护。

1. 人员基本信息管理

人员基本信息管理包括增员管理、资质证书信息维护、劳动代理合同维护、人员信息登记管理以及奖惩信息维护。

增员管理主要用于入司人员的管理，包括增员审核和增员查询。

资质证书信息维护用于维护有效期开始时间、有效期终止时间和备注等。

劳动代理合同维护用于维护人员的劳动合同和代理合同，劳动代理信息包括序号、人员代码、合同号、合同类型、签订日期、终止日期、违约处理情况。

人员信息登记管理用于本部门的团队添加人员信息，人员的详细信息主要分为人员基本信息、入司相关信息、担保人信息、资格证信息、合同信息以及教育培训信息。其中，人员基本信息包括身份证号、姓名、人员代码、性别、出生日期、最高学历、籍贯、民族、毕业院校、专业、家庭地址、邮编、固定电话和移动电话；入司相关信息包括机构、团队、合同属性、职级、人员类型、入司日期、考核开始日期、从业年限、招募来源、招募类型、地域属性、推荐人代码和推荐人姓名；担保人信息包括担保人姓名、身份证号、联系电话和地址；资格证信息包括资格证类型、资格证号、起始时间和终止时间；合同信息包括合同号、签订日期和终止日期；教育培训信息包括培训班名称、培训内容、开始时间和结束时间。

奖惩信息维护用于记录公司人员所受的奖励以及惩罚项目，在查询奖惩信息时，可以将人员代码、姓名、团队名称作为查询条件进行查询，可以单独展示人员姓名、日期、奖惩类型、奖惩原因、奖惩项目名称以及备注。

2. 人员异动管理

人员异动管理功能包括人员异动申请、人员异动审批以及人员异动查询。

人员异动管理主要用于在相同渠道下，有效业务团队之间的销售人员异动申请调至其他业务团队下。人员异动申请涉及异动前团队代码、异动前团队名称、异动后团队代码、异动后团队名称以及异动原因，需要注意的是人员代码、异动时间、异动前团队代码、异动前团队名称为不可输入项，异动后团队代码、异动后团队名称以及异动原因为必填项。在人员异动申请提交后,需要人员的上级主管进行审批同意后,异动才可以生效。

在人员异动审批时,需要完善的信息有申请状态、审批状态、审批时间以及审批原因。

在审批通过后,新的团队关系将在下个月开始生效。进行人员异动信息查询时,可以根据人员代码、开始时间、终止时间等条件进行查询。

3. 离司管理

离司管理功能包括黑名单管理、离司流程管理以及合同转换管理。

黑名单管理功能主要用于管理所有离司人员的详细信息,离司人员无法二次入司。在公司员工离司后,会将其加入公司黑名单中,需要完善的信息有序号、人员代码、人员姓名以及离司日期。

离司流程管理主要包括离司确认、离司申请、离司审核以及离司查询。离司确认主要用于对申请离司的人员进行确认,进行离司确认时,需要完善的信息有序号、人员代码、人员姓名、团队代码、团队名称以及预离司日期。离司申请主要用于记录人员申请离司的相关信息,进行离司申请时,需要完善的信息有人员代码、姓名、预离司日期、去向、单证处理、总结评价以及离司原因,若离司申请成功需要等待上级批准后才能够结束人员关系。离司审核主要用于对申请离司的人员进行批复,作为上级主管需要对离司人员进行评价和批准,并完善单证处理和总结评价等信息。离司查询主要用于对所有的转岗人员、离司人员进行查询。

合同转换管理主要包括合同转换申请和合同转换审批。合同转换申请主要用于申请合同类型相互转换,由代理转劳动或由劳动转代理,进行合同转换申请时,需要完善的信息有序号、人员代码、人员姓名、申请日期、当前职级、目标职级和总结评价。进行合同申请审批时,上级主管可根据申请人员的详细情况进行审批。

4. 职级管理

职级管理功能主要包括职级变更申请、职级变更确认以及职级变更查询。

进行职级变更申请时,需要完善的信息有人员代码、人员姓名、申请日期、团队名称、当前职级和推荐职级。

进行职级变更确认时,需要完善的信息有序号、考核时间、团队代码、团队名称、人员代码、姓名、转换前职级、推荐职级、确认职级以及备注。

进行职级变更查询时，查询条件可以为年份、月份、团队代码、团队名称、人员代码、人员姓名。

5. 人员教育培训管理

人员教育培训管理功能主要包括个人教育培训查询和个人教育培训维护。人员教育培训管理主要用于企业销售人员的教育培训，负责展示存储的数据项是培训内容、培训表现、起始时间、结束时间、考试结果、培训费用以及备注。

6. 人员考核保护管理

人员考核保护管理功能主要包括人员考核保护申请、人员考核保护审批以及人员考核保护查询。

人员考核保护负责展示存储的数据项是营销人员代码、营销人员姓名、保险营销团队代码、保险营销团队名称、保险营销考核月、备注等。

三、市场营销组织的优化

相关学者研究后发现，组织优化实际上是对干扰组织实现共同目标时的障碍进行针对性的消灭，在消灭它的同时也运用一定的保障措施来保证实践中的工作能够顺利地进行下去。基于以上阐述，所谓的组织优化实际上就是整合组织内部现今所拥有的资源，再在组织内部之间进行良好的沟通与明确的分工，最终实现目标。实际上组织优化并不是短时间内能完成的，完善它并使其适应当下的企业与市场环境的过程往往是无比漫长的。

（一）组织优化的相关理论

1. 组织优化理论

（1）领导行为理论

顾名思义，领导行为理论主要是针对领导的各方面行为对组织领导的有效性影响而形成的理论。对领导行为理论的研究，欧美等发达国家很早就开始进行了，像是勒温的三种领导方式理论、领导联系统一理论、领导四分图理论等。领导行为理论的研究主要分为两个维度：对人的关心和对生产的关心、上级的控制和下级参与。

（2）沟通理论

沟通理论是目前在我国应用得比较多的组织优化理论，其创始人是美国哈佛大学政治学教授卡尔多伊奇，该理论以控制论为基础，进而发展成沟通理论，希望能够进一步对社会政治现象进行更好的解释。

2. 发展战略理论

通俗来讲,发展战略指的就是企业发展的方向。其根据时间可以分为短期发展战略和长期发展战略,但主要都是聚焦于企业宏观的发展方向,设定一个在一定时间内需要达到的目标,解决目前存在的问题,使得企业能够实现自身更好的发展。通常来说,企业的发展需要思考以下四个问题。

①企业未来要朝什么方向发展?
②企业未来该以什么样的速度和质量实现自己的发展?
③企业未来规划如何来保证这种发展速度与发展的质量?
④企业未来需要哪些能力来支撑发展?

解决企业问题的过程并不是守株待兔,而是应成立一个发展战略体系,进行全方位的规划,使任何方面的问题都能够得到有效解决。而企业的发展战略由四部分组成,分别是企业发展愿景、企业战略目标、业务层战略和职能层战略。

企业发展战略的制定是在全面分析企业情况、全面了解企业内外部情况的基础上精心制定的,其制定的过程如下。

(1)战略分析

战略分析是根据企业所处的外部环境和企业的内部条件来分析出目前和未来影响企业发展的关键因素,同时确定战略选择的具体影响因素。马德拉斯大学教授普拉哈拉德提出,在分析行业的基础上,根据新时期的技术进行兼容和协调,突出了对未来趋势的研究。战略分析主要包括:①分析和确定企业的使命和目标;②分析企业所在的外部环境,以及外部环境的发展变化给企业带来的影响;③分析企业的内部条件,了解和掌握企业内部现状、优势和劣势、企业的资源和能力,以及利益相关者及其反应。

(2)战略选择

之前的战略分析是自我认识的一个阶段,在进行了充分的自我了解之后,企业需要面对的问题就是走向何处,其实就是企业战略的制定和选择。有学者认为公司战略选择要将领域的选择作为侧重点,企业战略在一个企业市场竞争中具有指示方向的作用。也就是说,企业的战略选择能够使其在市场竞争中取得成功。这一过程基本分为三个阶段。

第一步,制订战略选择方案。根据企业目前的发展状况,制订企业可以提供的战略方案,方案制订的角度和层次越多越好。企业从整体目标、各子系统目标或者其他角度出发考虑,选择自上而下或者自下而上,也可以使用上下结合的方式来制订战略方案。

第二步，对战略方案进行评估。评估就是综合分析哪个方案更适合企业，对企业有着更大的助力。战略评估应该具备两个标准：一是扬长避短，二是符合相关者利益。扬长避短就是能够最大限度地发挥企业优势，利用机会，同时也能够克服劣势，消除或削弱企业威胁。一般在评估的过程中，并不存在最佳的标准，利益团体或者高层管理者的价值观和期望对战略选择的影响较大。另外，战略评估同样要考虑战略实施和战略风险分析。

第三步，选择战略。有了备选战略方案和有效的战略评估，下面就是选择最终的战略，也就是最后需要实施的战略，这一过程中会出现多指标的评价结果不相符的情况，最终进行战略选择可以依据以下原则进行：①根据企业目标选择战略；②聘请或者引入外部的专业人员为客座专家，利用他们的专业和经验进行战略选择；③中下层机构的战略方案应由上级管理部门审核决定，而公司级别的方案可以由董事会或者股东大会进行表决。

（3）战略实施

战略实施是具体的企业战略实现和保障过程，主要包括的问题有：①各层级资源配置和优化；②外部资源筹集和利用；③企业自身组织是否适应战略决策，需要做出哪些调整；④战略制定之后出现利益再分配问题的处理和协调；⑤企业文化是否适应，需要对企业文化做出的调整等。此外，还涉及企业战略的实施过程中的不适应性等问题，这些问题都需要进行解决和优化。

（4）战略调整

战略调整是企业根据自身的各种运营情况和外部已经出现的新变化，或内部出现新的条件，对已经指定的战略实施方案进行修改和优化，用来保证企业战略对企业目标以及经营管理的有效性。美国企业家艾伦提出，企业的发展战略应该是一个动态的过程。企业在制定和选择发展战略的过程中，应该根据企业所处的不断变化的内外环境，及时对企业发展战略进行修订和完善。此过程是相对动态的过程，企业战略虽然是在各种未来趋势的研究前提下制定的，但是未来是多变和不确定的，有太多不可知和突发状况，例如疫情、经济危机等，这需要企业进行战略调整，及时调整企业的战略使其符合发展环境，有利于企业的发展。

（二）组织优化的原则

1. 服务客户原则

服务客户中的"客户"不仅局限于个人，还包括企业、团体、政府甚至内部人员等。在此基础上才能够提供更好的有关服务质量的改善建议，为各个部门的产品和服务提供足够的市场支持。

2. 确保稳定原则

企业在建立新的管理制度以及服务制体系之前，还是应该按照原有的管理制度和服务体系进行正常的组织生产。一定要确保企业在市场上的稳定运行，这样才能够实现后续工作的顺利开展。

3. 业绩增长原则

对于企业来说，增长业绩和利润量是企业进行组织变革的最主要目的，这就需要充分利用企业的优势，寻找不同市场需求，扩大不同市场范围，保证企业利润率的上升。

4. 集约化原则

组织变革中重要的一点是进行集约化管理，对企业的资金和资源配置要进行充分考量，加强企业领导层的能力，通过集团化运作优化资源配置，提高市场效益。

5. 信息化原则

在市场经济中，信息是企业发展和进步的关键，准确及时的信息更新可以帮助企业及时调整战略、规避风险、提高效率。建设企业信息平台，对项目、客户资源、应收账款等进行实时管理，提升营销管控能力。

6. 协同发展原则

市场营销组织体系管理应坚持"管而不死，活而不乱"原则。首先就是跟随政府的相关政策和条例，抓好企业市场营销管理运作，确保所属企业保持"公转"；其次就是公司发展要适应市场机制，遵循市场规律，给予下属和员工充分的营销自主权，实现良性发展，坚决杜绝"自转"。

（三）组织优化的保障

1. 提升营销组织能力

一定要确保市场营销体系建设的主导地位，不能把它演变成一个被忽略的角色，需要进一步进行市场营销服务体系的管理，最重要的就是要在企业整体树立大局意识，不能目光太短，只注重蝇头小利，应该更加注重长远发展，思想与行动一致，实现所有部门的全员参与，确保营销组织优化工作顺利推进。

要确保建立市场营销体系的优化小组,以及开展一系列领导工作,确保每项工作都有人做,不能出现一人多岗的局面。要进行团结协作,做好方案实施,同时预防各类风险,建立风险预防标准制度。不仅如此,监督工作也是非常重要的,要确保监督部门的独立性与服务性,切实发挥监督部门的作用,同时要建立一系列市场营销服务管理制度。还要注重市场项目目标管理,这是非常重要的,整个市场营销策略必须在一定的大方向下切实推进,才能确保营销策略的实现。

对于一个企业来说,如果没有很好的领导力,那么这个企业就相当于一盘散沙,因此,要建立优良的领导小组,确保企业战略大方向的正确,确保企业决策的正确。要建立相关的营销组织机构,并且根据营销决策、营销业务和营销支持等几个方面进行营销部门的布置,确保每个人能各司其职,也确保国内国际两个营销业务系统相互支持、相互配合,共同促进企业更好发展。

2.加强企业文化建设

企业文化相当于一种公司凝聚力,像是一只无形的手,推动企业与员工紧紧地连接起来,使员工能够由内而外积极主动地对企业产生一种特殊的情感,推动员工更加积极的工作。如果一个企业拥有良好的企业文化,那么这个企业的发展一定会很好,如果这个企业没有企业文化,每一个员工只是为了实现自身利益最大化,那么这个企业一定会具有散漫性,员工的离职率也会很高,最终会导致企业被时代淘汰。除此之外,如今社会是机遇与风险共存的时代,在企业面对风险的时候,具有强大企业文化的企业一定能渡过风险,并且把风险转为机遇,而没有企业文化的企业一定会被风险所击败。因此,企业想要更持续的发展,一定要树立良好的企业文化。

3.建立完善绩效考核管理机制和激励约束机制

企业应选取内部有志于销售的人员组成营销队伍,作为企业市场营销组织的基本力量,营销组织可以整合所有营销资源并进行统一经营、统一市场销售等。

第二节　市场营销的计划

一、市场营销计划的含义

市场营销计划是在对企业的营销环境进行深入调研、对市场需求进行科学预测的基础上,根据企业的经营方针及策略,确定一定时间内(通常为一年)的营销活动目标和相关的指标以及为实现这些目标和指标所要进行的各项营销活动的策略、方法和步骤。

正确制定和实施市场营销计划，是实现企业总任务和总目标的重要保证。通过制定营销计划，可以使企业明确发展的方向，使企业的各种营销活动都指向营销目标，从而最大限度地避免营销活动的盲目性，使每一次营销活动都能够有条不紊地按计划进行。市场营销计划是在市场调研、分析和预测的基础上制定的，可以使企业识别不利的环境因素和有利的营销机会，在利用环境提供机会的同时，最大限度地降低风险，做到有备无患。营销计划还明确了为达到营销目标而采取的营销策略和具体的行动方案，便于营销人员进行任务分工，明确各自的职责和工作步骤，从而积极主动地去完成具体任务。市场营销计划有助于监测各种市场营销活动的效果，有助于企业控制各种经营活动，及时做出调整。

二、市场营销计划的内容

虽然市场营销计划可以分为很多不同类型，但从整体来看，大部分营销计划的基本内容大致相同，尤其是产品和品牌计划，应该包括计划概要、市场营销现状、机会与威胁、营销目标、市场营销策略、行动方案、费用预算、控制方法。

（一）市场营销计划概要

营销计划的开头需要概括说明计划的主要背景、总体目标、任务对象和建议事项等。概要在整个计划中起统领和介绍作用，目的是让管理者能够迅速把握计划的要点，并据此检查研究和初步评审计划的优劣。内容目录应附在计划摘要之后。

（二）市场营销目标

市场营销目标是市场营销计划的基础，也是企业营销活动的终极目的。市场营销目标通常可分为两大类，即整体目标和特定目标。企业的整体目标是为企业和市场规划提供指导，一般被描述为增加市场份额，增加销售能力，提升品牌意识，提高企业的品牌知名度。专业化的目的是使企业的各项主要表现可以被测量和评价，而在无法达到的情况下，可以进行改善，同时也确保了所有的营销功能。特定的目标通常可以用特定的指标来表示，例如销售收入、销售利润率、市场份额、市场增长率等。

（三）市场营销行动方案

市场营销策略确定以后，要真正发挥效用，还必须将其转化为行动方案。行动方案是指营销活动"要做什么""什么时候做""在哪里做""由谁来做""怎么做"这一系列的具体问题。行动方案必须是具体的、细节化的，全面考虑时间、空间、步骤、责任、项目费用等要素。一般需要使用表格或者图形，把各个要素的实际表现陈列出来，使整个方案条理清晰、一目了然。

（四）市场营销费用预算

费用预算实际就是一份计划的损益表，它根据目标、策略和行动方案来编写，包括收入和支出两个模块。收入涉及预估的销售数量和平均可实现价格；支出反映研发成本、生产成本、实体分销、物流成本和各项营销活动的费用。收入与支出的差额就是预估利润。企业的高层管理人员负责预算的审核，一经批准后就是企业营销部门进行采购、生产、人力资源分配以及营销管理的依据。

（五）市场营销控制方法

确定控制方法是市场营销计划的最后一个环节，是对执行整个市场营销计划过程的管理。市场营销控制一般是将计划规定的目标和预算按月份或按季度分解，以便企业市场营销管理部门进行有效的监督与检查，确保市场营销计划的顺利完成。另外，这一部分还应包括一些应急方案。应急方案要简要地列举计划执行过程中可能出现的各种危机和困难，以及每一种危机发生的概率、危害程度和应急措施。

以上几个部分就是市场营销计划的主要内容。企业制定的市场营销计划经过高层管理者的审核批准后，就成了市场营销组织在一定时期内的行动纲领，成为各项市场营销活动的主要依据。市场营销计划是关于未来营销活动的行动方案，而未来实施中存在许多不确定因素，因此，企业在制定市场营销计划时一定要留有余地，在环境因素发生变化时，能对原定计划加以修订或调整。

第三节　市场营销的控制

一、市场营销控制的概念

市场营销控制是市场营销管理的重要职能之一，是以企业制定的营销战略、营销策略、营销计划为依据，对企业的市场营销活动的各环节进行规范、调整，使企业的具体营销活动符合企业的营销战略、策略、计划的要求，最终实现企业的市场营销战略、策略、计划的目标。

二、市场营销控制的必要性

（一）环境变化的需要

控制就是针对动态过程来设置的。从市场营销战略制定目标到目标通过实践来实现通常需要一个过程，在这个过程中，内外部环境都可能随时发生变化。尤其是面对竞争激烈的市场环境，每个管理者都会面对严峻挑战和各种变化，这些都会影响最终的目标达成。市场营销体系的高效运作，能够协助管理者甄别内外部环境的变化，及时地对市场营销方案进行纠正，必要时可以对市场营销战略目标进行修改。总结来说，从目标制定到最终执行完成之间的时间跨度越大，控制就越显得重要。控制体系的作用就在于，帮助管理者判断形势变化，需要时对原计划或者目标做出合理的修正。

（二）及时纠正执行过程中的偏差

如果在计划执行过程中出现一些偏差，随着时间推移而发展，小错误没有及时得到修正，最后都会逐渐积累成一些严重的问题。市场营销控制不仅对战略结果进行控制，而且要对执行战略的过程进行控制，对市场营销战略过程的控制就是对市场营销目标的最有力的保障。所以，管理者需要控制系统发现偏差，然后纠正偏差，避免造成损失。

控制和计划有不同之处也有相同之处。通常说来，市场营销管理的第一步就是制定营销计划，然后是对计划的执行和执行过程中的控制。然而，控制和计划也是紧密联系的。控制不仅要对完成原计划的目标进行监控、纠错，需要时还会对原计划的目标进行匹配检查，再次判断原目标的合理性和可操作性，最后如果考虑及时修正原计划目标，那么就需要修改战略计划，最终产生一个新的计划。

三、市场营销控制的原则

（一）目标匹配原则

为实现企业市场营销战略与营销目标，需要建立既符合企业实际又符合企业市场营销战略的控制目标，包括年度、季度、月度、特定周期的市场营销目标，用以监控营销计划执行的过程和绩效，对偏离或严重偏离目标的现象要及时分析原因，并采取措施予以调整，包括目标的调整和策略、营销方案的调整。

（二）成市控制原则

企业存在的目的是获取利润，而利润是收入抵减成本的结果。市场营销活动的目的在于获取收入或扩大收入，但在获取收入或扩大收入的过程中，必须考虑市场营销成本的投入，亦即市场营销成本费用的投入须获得预期的或超预期的收入，收入成本比达到目标、优化、理想值，才能获得合理或理想的营销绩效。

（三）标准合理原则

企业任何管理活动都包括计划、组织、协调、控制等4个环节，企业的市场营销活动中也有市场营销控制的环节。控制应该有科学、合理的控制标准并严格遵循，才能保证企业市场营销策略、营销方案、营销任务按照企业营销战略的路线图实施。科学合理的控制标准与科学的目标一样，标准过高或过低，都不利于企业市场营销目标的实现。合理的标准包括量化的标准和非量化的标准，量化的标准包括销售增长率、市场占有率、渠道成员占有率、销售计划执行率、目标完成率、收入费用比等，这些指标必须量化，只有量化的指标，才具有考核与控制效力。

（四）多重目标原则

任何企业都有创建、生存、发展的多个阶段，而企业的市场营销活动应考虑企业所处的发展阶段、市场环境等因素，也应该具有多重目标。在企业的不同阶段和不同的市场环境中，各目标的重要程度有所区分。这些目标一般包括市场占有率、渠道成员占有率、收入费用比、客户忠诚度、品牌美誉度等涉及企业市场营销战略的多个重要方面，也可以分为短期、中期、长期的经营与发展的目标。

（五）持续发展原则

一般情况下，企业的生命周期包括创建、生存、发展三个阶段，最高阶段是持续发展阶段。根据企业生命周期的三个阶段，企业也需有短期、中期、长期的经营与发展目标。市场营销活动也不例外，营销控制的目标、控制的标准、营销体系的设置与建设，都要以企业的持续经营为前提，市场营销控制体系设计必须遵循可持续经营的原则。可持续发展的市场营销体系控制的要素包括品牌创建与品牌价值提升、符合实际的市场占有率、渠道的规划与建设等。要达到这些控制目标，需要持续的、大量的营销资源投入，包括成本费用支出，这些可能会影响企业当期的营销目标的实现，例如，会影响收入费用比目标、营销活动绩效目标等。但这些属于影响企业长期可持续发展的目标，所以，在市场营销体系控制时，必须坚持可持续发展原则。

四、市场营销控制的内容

（一）市场营销战略控制

市场营销战略是一个企业营销部门的行动指南，是指导营销策略的方向性战略，是企业发展的规划性战略，是满足特定市场和客户需求的职能战略。它由两个重要部分组成：制定销售策略和开发营销组合。

销售策略是市场营销战略中最重要的一部分，它包括客户定位和客户关系。不同的客户有不同的需求、购买动机、购买能力、决策机制。因此，如何更高效地服务客户、满足不同需求，第一步就是对客户进行准确定位。根据客户需求将客户分为产品需求型客户和方案需求型客户；根据购买力可以将客户定位为大中小型客户；根据决策机制将客户分为个体决策型客户和集体决策型客户。精准的客户分类、准确的客户定位是制定客户关系策略的基础。通常的客户关系包括交易关系、方案提供关系、伙伴关系。企业应根据不同的客户关系，制定不同的客户关系开发和维护策略。

开发营销组合是市场营销战略中另一个重要的部分，也是制定市场营销策略的补充部分。市场营销常采用以下的营销组合。

①电子商务+人员销售。以网络为基础的电子商务可以快速地实现客户和企业的初步联系和沟通，配合人员销售满足客户需求、达成合作。

②展会+人员销售。通过举办不同地区的展会，实现企业和客户群的互相了解，配套人员销售达成合作。

③国际贸易。以网络电子邮件或其他即时通信工具（比如现在的微信在中亚东南亚地区的普及）为基础搭建的国际贸易平台，配合人员销售达成合作。

以上是目前市场营销组合中最为常见的三种组合。其他还有电话营销、QQ营销等新兴营销模式和组合。

战略控制的重点在于以经济性原则为基础，重点控制对于组织绩效有战略意义的因素及容易产生偏差并会带来严重危害的地方，确保组织战略目标的实现。市场营销战略控制是指对与企业营销绩效有关的战略性要素及营销战略实施过程进行控制，保证营销战略实施过程不出现偏差。市场营销战略控制是在竞争策略、市场选择、渠道选择等方面进行符合企业营销战略的控制活动。例如，选择了高成本低收益的市场，即意味着较低的营销绩效，反之亦然。选择了高成本低贡献的渠道，即意味着较低的营销绩效，反之亦然。

（二）市场营销效率控制

假如赢利能力分析显示出企业关于某一产品、地区或市场所得的利润很差，那么，下一个问题便是有没有高效率的方式来管理营销人员、广告、营销促进及分销。

效率控制的目的在于提高人员推销、广告、营销促进和分销等市场营销活动的效率，市场营销经理必须注视若干关键比率，这些比率表明上述市场营销组合因素的功能执行的有效性以及应该如何引进某些资料以改进执行情况。

（三）市场盈利能力控制

1. 市场营销成本控制

（1）营销成本概述

企业的营销成本是企业营销活动所耗费的经济资源，是为获得营业收入而耗费的营销资源，包括营销机构开办费用、日常运营费用、广告宣传费用、代理手续费用、促销激励费用、营销人工成本、第三方IT服务费用等。

市场营销机构日常运行管理费用，指各营销机构的房产、设备、设施、水电等维持日常运营的费用。人工成本，指支付给雇员的基础工资、绩效工资、各项福利费用等；购买第三方IT服务费用，指购买第三方的IT支持服务费用，包括GDS（分销服务商）、各系统软件的费用；分销渠道佣金，指支付给分销渠道的前返佣金和后返佣金；广告宣传费用，指企业用于产品宣传、品牌宣传而支付的费用。市场营销活动固定成本是指企业一次性投入的资源，不随业务量的变化而变化；市场营销活动变动成本是指随着业务量的变化而变化的投入；市场营销活动酌量性成本是介于固定成本和变动成本之间的，与业务量变化不完全相关的成本。

一般来说，市场营销成本管理是对企业市场营销活动中所耗费的各项资源进行管理和控制。市场营销成本管理的内容即对企业营销活动中耗费固定成本、变动成本、酌量性成本进行管理，如对营销人员薪酬、固定资产的投入与折旧、IT及相关服务购买所支付的对价等的管理和控制。

企业进行市场营销成本管理控制的主要作用包括：一是保证企业完成一定营销活动目标的重要手段；二是通过耗费合理的企业资源，降低企业营销成本、增加盈利、提高营销效益的途径；三是市场营销成本管理在企业的各项成本管理系统中起着重要的作用。企业市场营销成本管理水平的高低是企业营销管理水平和营销效率高低的重要指标。

（2）成本管理概述

成本是指企业为了达到一定的经营目的而耗费的或者放弃的以货币数量计量的经济资源。一是对企业经济资源的耗费，二是为获取一定收入的耗费，三是以货币数量计量的耗费。对于不同性质的企业而言，成本项目不尽相同，如工业企业、商业企业、交通运输企业等各自有不同的成本项目和内容，即使是同类型的企业，其成本项目虽然相同，但因企业的组织流程、管理制度以及经营模式和理念的不同，各成本项目之间的比例关系也不尽相同。

按照成本发生的形态，企业的成本项目可以划分为固定成本、变动成本和酌量性成本。固定成本是指企业一次性投入的资源，不随业务量的变化而变化；变动成本是指随着业务量的变化而变化的投入；酌量性成本是介于固定成本和变动成本之间的，与业务量变化不完全相关的成本。

成本管理是指对以货币计量的，在为达到企业经营目的过程中所耗费的企业资源进行管理和控制。成本管理内容主要包括对人力资源消耗、物力资源消耗、财力资源消耗的管理。企业营销成本管理在标准方面须遵循绝对额管理、相对数管理、酌量性控制。

成本管理的作用：一是保证企业完成一定经营目标的重要手段，二是降低企业经营成本、增加盈利、提高经济效益的途径，三是成本管理在企业的各项管理系统中起着综合的控制作用。企业成本管理水平的高低是企业管理水平和综合竞争实力的重要体现。

（3）市场营销成本控制相关理论

①财务控制原理。财务监督控制是营销控制的重要内涵，包括预算控制和比率控制。比率控制，就是通过比率分析进行控制的非预算控制方法，一般称为"收入费用比率"，指每耗费单位销售成本获取的收入量，该比率越高，则反映单位的销售费用投入创造的价值量越高，则控制越好，反之亦然。

②销售费用控制原理。固定成本是指企业一次性投入的资源，不随业务量的变化而变化。固定成本控制是对营销资源一次性投入与否的决策及一次性投入量大小的决策，固定成本控制水平的高低将对营销绩效产生长期影响。变动成本是指随着业务量的变化而变化的投入，对变动成本一般控制其每单位产品的投入量即可。酌量性成本是介于固定成本和变动成本之间的，与业务量变化不完全相关的成本，具体根据企业成本项目采用固定成本控制和变动成本控制相结合的方式。

（4）市场营销成本控制要点

①收入成本比控制的要点是用投入的市场营销成本与产出的收入进行对比。

②成本收入增长比控制的要点是用成本的增长率与收入的增长率进行对比，或收入的增长率与成本的增长率进行对比。

③渠道成本控制分为直销渠道成本控制和分销渠道成本控制。直销渠道成本控制的要点是用投入的直销成本与产出的收入进行对比。分销渠道的成本控制的要点是用投入的分销成本与产出的收入进行对比。

2. 赢利能力的考察指标

取得利润是所有企业最重要的目标之一。企业赢利能力历来为市场营销管理人员高度重视，因而赢利能力控制在市场营销管理中占有十分重要的地位。赢利能力考察指标主要有：①营销利润率；②资产收益率；③净资产收益率；④资产管理效率。

（四）市场营销渠道控制

渠道结构理论提出了渠道结构的设计及成员选择方面的控制的具体方法，包括渠道效率控制、渠道行为控制等。渠道行为控制包括成员的激励、评估、冲突的解决、效率的评估等。

（五）市场营销审计控制

企业的营销战略目标、组织机构、营销战术等确定后，为保证能够顺利有效地实施，提高企业营销绩效，需要对企业市场营销环境、营销活动进行定期的、系统的、独立的诊查，即进行市场营销审计。市场营销审计的内容包括企业市场营销目标与营商环境匹配程度审计；营销战略、战术与市场实际情况适合度审计；企业组织机构设计及其功能发挥程度与营销效率控制目标契合度审计；企业各营销机构之间的流程、标准与营销效率控制的支持程度审计；营销活动实现营销效率量化控制目标程度的审计；各不同特征市场、各不同市场区域、各不同销售渠道、各不同产品体系的边际贡献率、成本效益等的审计。市场营销审计是指对营销活动进行监控、检测，进而实时或阶段性地进行总结，对发现的问题及时纠正，进而保证企业的市场营销效率目标实现。

1. 市场营销审计的内容

市场营销审计内容主要包括市场营销环境审计、市场营销战略审计、市场营销系统审计、市场营销组织审计、市场营销效率审计、市场营销职能审计。

(1)市场营销环境审计

市场营销环境审计是其他营销审计的基础。市场营销活动中对营销环境的审计可以说是其他营销审计的基础,而且对其他市场营销审计活动有限制。市场营销环境和市场营销战略是否匹配,管理者可以运用市场营销审计来加以衡量,也是管理者对是否对市场营销计划进行修改的依据。市场营销环境审计包含外部环境和内部环境审计两部分。对市场营销效果有影响的外部环境因子变量主要包括政治、自然环境、经济、科学技术等。

(2)市场营销战略审计

市场营销战略审计就是判断管理者制定的目标是否符合市场的实际情况,其中审计内容包括关键性的策略是否有效、预算是否在控制范围内、市场目标是否科学合理等。

(3)市场营销系统审计

市场营销系统审计主要就是对市场营销信息系统、市场营销控制系统、市场营销人员系统、新市场营销手段和新产品开发系统的合理性、时效性进行的一次审计活动。市场营销控制系统方面的审计包含以下因子变量:新老产品比率分析、营销成本分析、营销产品市场占有率分析、财务边际贡献率分析、市场综合信息分析、市场信息系统分析、产品流通速度分析等。人员系统审计包括人员的流逝比率分析、人员的培训情况、人员工资效率分析等。新产品系统审计包含是不是科学合理地进行新产品开发、用户体验是不是融入新产品开发中、是不是以市场需求为导向地开发新产品等。

(4)市场营销组织审计

市场营销组织审计就是评估管理者的营销计划、选取、管理的能力,评价执行部门对营销工作计划执行、找出问题、改正问题的能力。市场环境变化的应对能力、同其他部门协同工作的能力都是市场营销组织审计的内容。

(5)市场营销效率审计

市场营销效率审计主要是对财务方面的审计,包含销售利润分析和管理成本分析。具体的因数包括相关营销费用审计、相关销售收入审计、企业回款能力审计、企业存货数量审计、企业管理成本审计、企业人力资源成本审计等各类指标。

(6)市场营销职能审计

市场营销职能审计主要是对营销活动所涉及的各种因素进行有效的控制和审计,包括对产品、价格、分销商、促销人员、广告商、公关关系、营销组织等的效率进行审计。通过这一些的市场营销审计工作能够及时发现营销过程中出现的不合理的因数，可以找出问题并提出改进意见。

2. 市场营销审计的原则

（1）全面性原则

市场营销审计的全面性原则要求对市场营销活动的优异部分和问题部分进行全面审计，识别出表现优异的和出现问题的原因。

（2）独立性原则

为保证市场营销审计的科学性和评价结论的客观性，市场营销审计需遵循独立性原则。根据企业目前的实际情况，实现独立性可以通过购买企业外部专业审计机构进行审计，也可以利用企业内部审计资源，这些资源包括财务部门、内部审计部门的资源，设计科学且独立的审计计划和审计方法，同样可以达到与购买外部审计一样的独立性效果，同时节约了营销审计成本。另外，可以区分企业整体营销活动的层次，分别使用企业内部审计资源、购买外部专业审计服务、营销系统内部审计资源等。

（3）定期性原则

宏观层面，对于企业市场营销战略的审计，一般按照经济大环境的周期、行业发展周期，市场环境变化周期等来定期实施；中观层面，对于企业具体市场营销活动，如渠道管理活动、产品管理、品牌管理等，一般相较于宏观层面的战略审计周期要短，但须定期进行；微观层面，对于具体战术实施、细分市场中的营销活动、具体产品的绩效等，按更短的审计周期进行定期审计。通过按市场营销活动的分层安排审计，能够保证市场营销审计的针对性、有效性、及时性，同时也合理地配置了市场营销审计资源，相对地节约了市场营销审计成本。

3. 市场营销审计的作用

（1）促进作用

明显有市场营销审计的企业，可以促进市场营销战略计划更加正确、更加合理地进行制定。市场营销审计能够促使企业更合理地匹配内外部资源，使其达到预定的营销效果，还可以促使各个阶层的管理者对营销工作更加重视，因为市场营销审计的各个指标都需要管理者背负，最终帮助经营者解除自己身上的负担投入其他方面的工作中。

（2）制约作用

市场营销审计可以发现并纠正在市场营销活动中出现的不合理行为和一些市

场营销人员的失职行为。虽然很多行为并没有构成违法犯罪，但是小的过错积少成多的话也容易引起不可挽救的后果。还有，市场营销审计还能够判断市场营销活动中的损失和浪费，为单位节约资源，提高市场营销的效率，最终提高企业的竞争力。

五、市场营销控制的方法

（一）战略层控制方法

企业战略是指在综合分析评估外部环境和内部资源的基础上制定的企业长期发展规划。市场营销战略是企业战略最重要的组成部分之一，具有方向性、全局性、长期性、对抗性等特点。市场营销体系控制从战略层面来讲应遵循"企业战略－营销战略－营销体系控制"的路径。

（二）管理层控制方法

市场营销体系控制在管理层面来讲，应遵循"营销战略－营销战术"的路径。市场营销战术是市场营销战略的基础，用以保证市场营销战略的实施。

1. 控制职能设置

企业内部包括部门职能的划分、流程的制定与调整等；对于企业外部则包括市场细分、客户关系的发展、渠道建设与控制、营销资源的配置等内容，就是积累资源和发展能力，为市场营销战略提供保障。

2. 产业链及价值链控制

产业链及价值链控制是指用全产业链的思维进行全产业链的成本控制，如协助上游供应商和下游分销商控制成本，或联合控制总成本，进而降低企业市场营销成本。价值链控制是指解析企业市场营销活动的各个环节，区分创造价值环节和不创造价值环节，或高价值环节和低价值环节，作为各环节取舍或衡量营销成本投入高低的依据。

（三）操作层控制方法

市场营销体系控制在操作层面来讲，应遵循"营销战略－营销战术－具体方法"的路径。市场营销控制包括部门职能的划分、流程的制定、客户关系的发展、渠道建设与控制、营销资源的配置等要素，在面对具体市场、具体客户、具体竞争对手时如何快速反应，以及如何运用营销组合、寻找比竞争对手更有效率的方法来创造合理、满意的营销绩效。

1. 效率比率控制

效率比率控制是指用与市场营销活动有关的非财务数据与财务数据进行对比，或财务数据与市场营销活动有关的非财务数据进行对比。具体包括以下几点：①人均销售收入贡献比控制。②渠道效率控制。③直销渠道和分销渠道成本结构控制。

2. 产品或产品体系控制

这是指根据企业提供的服务产品或产品体系所产生的固定成本、变动成本而进行产品或产品体系的研发、销售及销量控制。

第七章　市场营销的发展趋势

市场营销是以"交换"为核心概念的理论体系及其实践，它是伴随着人类社会商业活动的产生发展而出现并不断发生变化的。在当今形势下，激烈的市场竞争以及新经济时代的产生正在不断影响和改变着当前的市场营销环境。伴随着市场经济的不断发展，市场营销也慢慢凸显出了一些新的发展趋势。本章分为服务营销、绿色营销、关系营销、整合营销、体验营销、善因营销、个性化营销七部分。

第一节　服务营销

一、服务相关概念

（一）服务的概念、特征

在服务相关概念研究中，我国学者冯俊立足于服务定义的丰富化理解与多视角研究，提出了服务的概念内容。他认为，服务是行为模式的体现，而行为模式的背后所蕴藏的是行为者的目的，想要实现一定的目的，需要多样化、环环相扣的行为过程，因而，从这个角度来看，服务所指代的是过程性产品。对于消费者来说，他们需要购买服务的原因主要体现为两个方面：一个是服务可以为消费者带来感官层面上的快乐与满足，另一个是服务可以发挥出功能性、价值性的作用与效果。当消费者与服务提供者之间以服务为内容开展实践交易活动时，服务本身就自然而然地具有了产品的属性，成为我们眼中常见的"服务产品"。而对于服务产品来说，最为关键的内容就是服务的过程性。因而，在服务产品的销售中，企业主体不仅要关注服务的最终结果，也要高度关注实际的服务过程，提升消费者的服务满意度。

也有学者立足于前人的服务理论观点，从实践价值探索与影响方面入手，明确提出了文化产品服务的概念。文化产品服务归根到底应该被纳入服务的范畴内，它主要涵盖了两个要素，一个是产品服务，另一个是信息服务。

在服务的特征研究中，20世纪末期，现代营销学之父菲利普·科特勒针对服务的概念开展了研究，并明确了服务所具有的特征。后来，国内外研究人员围绕服务的特征，达成了一定的共识。

首先，服务具有无形性特征。与实物产品相比，服务的不同在于服务的无形性。其次，服务具有差异性特征。服务所面对的对象是消费者，也就是人，而不同的个体往往具有多元化、差异化、层次化的个性需求与服务需求，因而，企业为不同消费者所提供的服务内容、服务类型、服务质量、服务产品往往具有较大的差异性，以此满足消费者的不同需求，且服务标准也难以做到统一化、唯一化。再次，服务具有不可分离性特征，也就是说，服务的提供者与接受者是不能够分离开来的，两者之间具有紧密的联系，不容分割。最后，服务具有不可储存性特征。与实物产品相比而言，服务还具有一个非常显著的特征，那就是服务的不可储存性。前者具有一定的储存性，可以被有效地储存起来，而后者产生于消费行为中，是难以储存的，当消费者的消费行为结束了，企业所提供的服务也就结束了。

（二）服务与有形产品的区别

服务与有形产品具有极大的差异性与本质区别，可以说，服务产品的自身属性与本质特征，决定了服务营销肯定与有形产品营销有所不同。

首先，服务营销在目标发展层面上是以提供、输出无形服务为宗旨的，而有形产品营销所输出的是有形产品。

其次，服务自身所具有的不可分离性在一定程度上影响着服务产品的消费环节与输出环节的同步性，也就是说，服务产品的消费环节与提供环节是同步进行的。服务消费者与服务提供者之间具有密切的关联性。

再次，服务本身所具有的差异性特征导致哪怕是相同的服务提供者、服务输出方，在提供完全相同的服务内容时，也会由于自身的精力不同与心情差异，从而表现出显著的区别。与此同时，不同的消费者对不同服务类型的需求、认知水平、评判标准等也具有明显的差异性，这明显削弱了服务营销活动的稳定性。因为大部分服务产品具有显著的无形性特征，服务的生产环节与消费环节往往是同步进行的，因而，服务的供求方与需求方就不存在时间维度上的不平衡性，这从根本上降低了供需矛盾，缓解了供需压力，实现了供给与需求两个层面上的平衡发展。

最后，服务所具有的所有权缺位特点，从根本上影响着服务的生产环节与消费环节，促使其在生产活动与消费活动中都不涵盖任何实体的所有权转移问题。

二、服务营销的内涵

在服务营销的内涵研究中，不同的研究人员从不同角度，提出了新的理解与探索。他们的共同之处在于都是从对服务的理解范围入手开展的系统化研究。专家学者在围绕服务内涵的研究中，也深入探索了关于服务营销的概念内容，对服务营销问题开展了实践化的剖析，形成了服务营销的定义以及理论基础。所谓服务营销，具体指的是社会发展中的各类企业主体借助于多样化、合理化的策略与方式，最大可能地全面剖析客户群体以及消费者群体的需求，以此确保企业主体自身的实践发展目标可以得到有效的实现。所谓服务质量，指向的是服务市场体系中最为关键、最为核心的内容。在企业主体的经营发展中，唯有提供专业的、高质量的服务内容，才可以增强客户群体的满意度，提升客户群体对企业的支持度，打造出优质的企业主体品牌形象。

三、服务营销的特征

实物与服务相伴共生，但实物与服务随着市场营销的逐步发展也逐渐分离开来。

产品的附加值及服务价值逐渐超越产品本身的价值，越发受到消费者关注，现代企业竞争的核心即为服务营销。

商品和服务能够按照一个从有形主导到无形主导的系列进行排序。服务具有以下四个特征。

①无形性。服务既看不见，也触碰不着，没有实体。

②易变性。服务的人员，以及时间、地点和服务的方式，甚至是客户都会对服务的质量产生影响。

③不可分性。服务不能与服务提供者分离，服务生产的同时就是服务提供的过程。

④易损性。服务不能进行存储，不能退回重新售卖。

学者们运用上述的特性来进行服务与商品之间的差异研究，但他们在做具体的分析应用研究时发现，这些特性并不能适用于所有的服务。为了更好地区分服务营销和传统商品的市场营销，通过整理文献资料本书总结了以下十个更适用于区分服务和商品之间的差异。

①销售方式简单、直接。服务类产品不是具体的实物，只有当消费者参与服务的过程才能感受到，因此服务类产品是一种即时性消费。例如，在饭店就餐或出行，只有当服务的行为或过程发生时消费者才能感受到服务。所以服务营销方式简单、直接。

②需求差异大。服务营销注重客户的个人感受及体验，客户的兴趣爱好、家境及收入、身处环境、天气气候等对于服务营销的需求均会产生影响，企业在服务营销实施中较难确定衡量，所以我们可以判断服务需求差异性较大。

③产品的本质不同。大众普遍认为商品具有实际形态，而服务则是无形的。然而，一些服务其实也包含有形的要素，例如旅行中乘坐的交通工具、休闲场所的娱乐设施等。

④消费者参与生产过程。消费者会积极参与服务生产的过程。例如，在线购物、在银行自助柜机办理业务、观影自助取票等。

⑤人也是产品的组成部分。服务营销学更强调人在服务产品中的构成因素。许多服务业把消费者作为产品的一个组成部分。在营销活动中，消费者会与服务人员或者其他消费者产生接触，甚至某些消费者的行为可能会对其他消费者产生影响；传递服务的人员的素质水平在很大程度上会影响服务企业，使之产生差异，所以服务企业需要同时将所有和消费者发生接触的人员纳入管理范围，对基于消费者行为产生的各种服务接触进行全面管理，提升消费者满意度。

⑥服务质量难以衡量。商品在售出之前，企业就已经制定出产品质量标准，并根据市场反馈及时对产品进行更新、改进。而服务营销注重研究服务的过程控制。服务在生产的同时就被消费了，即服务人员和消费者能够同时参与到服务的生产过程中，增加了服务质量的可变性因素。所以，服务过程中的错误和缺点难以被发现，服务质量难以衡量。

⑦顾客难以判断。产品具有实体形态，外在特征明显，客户可以根据这些外在因素判断是否需要购买。服务产品则是需要客户使用以及感受的，突出体验性品质和信誉品质。服务企业要采取诸如鼓励消费者试用体验，多角度多渠道收集消费者反馈，全方位提供售前、售后服务承诺等多种策略赢得客户好评。

⑧分销渠道不同。实体商品大多是由企业通过传统的物流渠道转移运送至消费者处的，而服务企业则是在此基础上借助综合的传播渠道，使生产与销售合并，将服务传递给消费者。

⑨服务不能存储。服务是某一个具体的行为，不可以保存而且是易损的。当

客户需求小于企业的服务提供能力时，多余的服务毫无用处；反之，客户也可能因为服务的不及时而选择放弃。

⑩时间紧迫。服务是即时发生的，消费者需要在现场接受服务，例如，交通运输或游乐场游玩活动。如果服务不能被及时传递，或超出客户等待服务的心理预期，消费者就会对服务产生厌烦甚至会离开。

四、服务营销的理论基础

服务营销是市场营销的一个新领域，是一门新学科。随着市场经济的发展，服务在人们生活的所有领域和工业生产中都无处不在，有些作用甚至已经超出了有形产品本身。因此，企业要重视产品的服务，服务已经成为竞争的重要手段。

服务营销的核心就是向顾客提供优质的服务，要通过提高服务质量，使得顾客的需求在被满足后，产生心理上的愉悦感。服务创新和服务成长战略的价值，也正在被更多企业所重视。

（一）服务营销三角理论

公司、员工、顾客之间都能形成一种营销关系。服务营销三角表示的以下三种营销活动，都是基于让客户满意和维持客户关系建立的。

1. 内部营销

员工是"内部顾客"，因此内部营销也非常重要。只有让员工满意了，服务质量的提升才能得到保障，员工对顾客的服务才会更好，顾客对服务的满意程度才会得到提升。为员工提供完善优质的服务，提升公司内部服务质量，从而有效增加公司员工的服务满意度，有助于培养员工的服务意识。因此，企业应打造内部服务营销型组织，增强员工忠诚度。

2. 外部营销

服务需要通过外部沟通来建立和实现。针对顾客的需求，可以通过广告组合、提供有形的信息和服务展示等营销活动，与客户建立长期稳定的沟通联系，将客户的利益与需求和企业的服务产品等紧密地联系起来。

3. 互动式营销

互动式营销是公司的客户与公司的员工相互互动交流的重要过程，其主要目的在于充分验证公司的服务质量承诺与实际所提供服务质量的差距。互动过程中，需要公司有适当的授权，提供足够的信息、管理系统和硬件设备等资源，加强服务过程的标准化程度。

（二）服务营销组合理论

1. 4P 营销组合

美国著名营销学大师杰罗姆·麦卡锡于 1960 年出版了《基础营销学》一书，并在书中提出了著名的"4P"营销组合经典模型，这一理论的出现，引起了广泛关注，至今仍有较大影响力。书中，麦卡锡提出了企业营销影响要素，并且首次通过模型归纳的方法将这些要素清晰地展示出来。他认为，影响企业营销的要素分成了四种类型，即促销、价格、产品、渠道，鉴于其英语单词皆以 P 开头，因此也被称为 4P 理论。美国在营销领域的研究中还有另一个代表人物，即菲利普·科特勒，他在现代营销学的研究中也做出了突出的贡献。他在 1967 年发表了营销管理的相关内容，同时在其中分析了有关 4P 的理论。科特勒在研究中针对其中的各项因素进行了详细的阐述，同时结合现代营销学的理论对原有的理论内容进行了分析和概念优化。科特勒认为，产品因素指的是产品的功能性价值，要想提高营销能力就需要注重自身产品的独特性，需要满足其他类产品不能满足的功能性需求。价格因素指的是营销过程中产品不能制定同一样的价格，应当注重价格定价和市场环境相一致。只有符合市场环境的价格才能够和产品的品牌价值相匹配。渠道因素指的是企业营销过程中对于消费者的服务并非直接性的，而是通过各种营销网络建立一整套完善的营销体系。

直接面对消费者的是经销商，大多数情况下企业需要注重提高经销商的主观能动作用。促销因素指的是企业在销售活动中为了激发消费者的购买力，提高营销短期的营业成绩采用的一种刺激行为，通过促销可以提升企业知名度，也能够加速产品品牌建设。

2. STP 理论

纵观传统企业的管理战略看得出，企业制定的未来规划是按照企业短中长三种企业发展目标规划得出的方案。实际上，营销的战略制定也是需要同市场本质属性相适应的。不同的市场中具有地理环境、文化体系和消费习惯等差异，因此企业需要对市场环境进行详细的了解，需要对市场进行精细化的分析，以及合理的定位。企业要想提升自身的营销服务能力就需要从市场细化 Segmenting 层面、确立目标市场 Targeting 层面、精准定位 Positioning 层面进行评估，最终构建契合战略定位的营销方案。按照上述三要素的首字母制定这一理论的名称就是 STP 理论。

(1) 市场细分

企业对于市场的细分需要从内外环境基础上展开分析活动。市场细分的时候，企业要按照战略目标和营销管理的最终目的分析市场现状，同时按照客户群体的不同划分出不同种类的客户。随着市场环境的完善程度不断提高，20世纪50年代，社会的生产力得到了提升，市场对于企业的资源供给提出了更高的要求，这些因素也迫使企业发生转变。市场对于企业的要求是注重实践层面上的内容，市场对于学术的需求侧重于理论层面的内容。

社会生产力不断提高之后，营销学的市场细化程度也在逐渐增加。在这种情况下，营销领域中有学者提出了超市场细分理论。这种理论是根据现代数据技术实现的一种精细化市场细分方法。但是，因为消费者在市场环境中的特质处于动态变化中，因此以往的市场消费者历史数据对于现代的市场超细分工作并不是没有作用的，如果超市场细分出现了偏差，则会严重影响细分结果，甚至还会引起市场环境危机。为此很多学者提出了反对意见，出现了反市场细分理论。这一理论是针对超市场细分理论的修正理论，认为扩大市场才是正确的做法。

(2) 目标市场选择

企业在市场预期过程中遇到具有盈利可能的情况就会有意识地细化市场信息，这种市场就是企业的目标市场。

总体来说，企业的目标市场战略分成以下几种：一是无差异的市场战略；二是具有差异性的市场战略；三是集中性质的目标市场战略。

市场战略的有无差异性是根据企业自身的市场细化情况决定的，企业对目标市场进行细化，将其分成不同的小市场，同时按照企业的自身实力确定不同市场的营销组合战略。

集中的市场战略指的是企业在细化市场之后对其中部分市场进行了更加专业化的分析，这些市场相对来说对企业的盈利更加有利，因此企业可以对其进行集中性的营销管理。通过集中大部分的企业资源在这些细化的市场层面击败对手。

(3) 市场定位

通过市场细化和选择之后，企业从被选择的市场环境下分析可能存在的竞争对手。通过分析市场中对手的市场营销情况制定有竞争性的产品特色，这样可以提高产品的竞争力。

1972年，学术上开始使用"定位"这一概念，其创始人为艾·里斯和杰克·特劳特。随着定位定义的出现，很多学者发现了它在营销战略中的价值。因此，定位这一概念开始从信息传播领域扩展到营销战略层面。不少研究人员认为，定位概念的应用范畴包括产品性能、消费层级等。

在环境的继续影响下，部分学者将定位概念延伸到营销定位中。营销定位指的是企业在营销过程中注重价格和服务等定位。

第二节　绿色营销

一、绿色营销的界定

绿色营销是一种被企业所期望及符合消费的社会需求，是一种可以带来利润并能够永久经营的管理过程。近几年，国内的相关学者认为，绿色营销是企业在进行生产和营销的过程中注重对环境的保护，对资源的节约和回收再利用，是一种新型的营销理念和营销过程。因而可以看出，绿色营销是建立在保护环境的基础上，将企业利益最大化、满足消费者需求，以及企业社会价值的提升结合起来的一种营销模式，该模式既能为企业在社会上树立良好的形象，又与我国推行的可持续发展战略相契合。

绿色营销实际上是社会营销发展过程中出现的一个分支，社会营销是在权衡消费者的利益、企业的利益和社会的利益之后制定的营销策略，这种营销策略已经不再将企业的利益作为企业的最终目标，而是将企业的经营理念转变为了以消费者为中心的营销理念。在国际环境不断变化，低碳经济盛行时，绿色营销开始在国外发展起来；当可持续发展理念成为国之根本时，国内紧跟国际上的营销理念接轨，开始大力宣传绿色营销的理念。绿色营销是在满足社会营销的基础之上又增添了保护环境的要素，因此可以说绿色营销是社会营销的一个分支。

二、绿色营销的特点

随着经济的迅速发展，人类的消费理念也逐渐发生转变，从最初单单看重产品的质量逐渐转变成看重产品的健康环保，反映出人们对健康的重视，以及更为高级的现代化消费理念。伴随着这种现代消费理念逐步深入人心，绿色产品日益受到消费者的欢迎和追捧。各行各业都纷纷将产品向"绿色化"靠拢，以迎合市场对绿色环保类型产品的不断需求。进而，绿色营销也由此应运而生，其大体具备以下三个特征。

（一）统一性

发展绿色营销就是要将社会和企业的利益结合到一起。在为产品制定绿色营销战略时，必须考虑产品的经济效益、社会的长期利益和消费者的身体健康，以便产品能够保持在经济市场上流通。为了有一个更好的生存环境，人类就要约束自己的行为，坚持生态文明建设，保护生态环境，与大自然和谐共生。

绿色营销唤醒了一种人们的环保意识，也就使得消费者在进行消费的时候，不仅仅要考虑自身的需求，也要将周围环境、生态平衡等纳入购买因素的影响之内。破坏环境的企业都应该受到谴责，抵制对环境有不良影响的商品，消费者、企业和政府都要有绿色的意识，并且为之付诸行动，这样绿色营销才能发展下去。

（二）无差别性

绿色的标准对于全球来说都是具有无差别性特点的。循环经济与可持续发展并不仅仅是一个国家或区域自己的事。虽然不同的国家对产品的要求不一样，但是他们对产品品质、环境保护和人类健康等都存在大同小异的绿色标准。

（三）双向性

绿色营销不仅要求企业树立绿色观念、生产绿色产品、开发绿色产业，同时也要求广大消费者购买绿色产品，对有害产品进行自觉抵制。绿色营销也是降低资源消费、提高经济效益的重要途径。

三、绿色营销的渠道

（一）绿色营销渠道理论

现代营销学之父菲利普·科特勒认为营销渠道是指营销应贯穿于"整体的各个方面"，涉及整合营销、关系营销、内部营销以及社会责任营销等方面，通过选择合适的营销渠道作为桥梁，实施企业的发展规划，满足消费者需求并提高经济利益。而绿色营销渠道又称为绿色配销通路，它以绿色产品为基础，链接供应商、生产商、分销商以及消费者。它的作用就是让整个生产过程中的不同环节都尽可能地去减少对于环境的危害，也要尽可能地提高资源利用率，从而实现绿色产品的市场流通。

绿色营销渠道包括以下几方面内容。

①绿色营销渠道可以更好地满足顾客的需求，有着长期发展的战略性。

②在整个营销渠道当中包含了很多成员，他们发挥着自身的作用，也会互相

产生影响，他们的共同协作组成了整个流程，也就使得产品更高效地从厂商传递到客户手中。

③营销渠道中的基础就是各个成员之间的关系。每个成员都发挥自己的作用，这样能使整个渠道获得战略上的成功。要在当下的市场环境当中，对于渠道进行拓宽，扩展出更广阔的市场来。提高绿色产品在渠道当中的流通能力，让产品更快速地到达消费者的一端。

（二）绿色营销渠道的特征

1. 以绿色消费为前提

美国著名的激励心理学家亚伯拉罕·马斯洛于1943年在一篇学术论文中首先明确提出了激励需求理论和分层激励理论。亚伯拉罕·马斯洛认为人类的生活和消费需求实际上都是可以分为多个层次的，消费者在某种阶段和层次下的生活和消费需求一旦得到了满足，就有可能会由最低的层次转化为高级的层次，也就是从实际生活和消费需求逐渐转化成为一种更高级别的精神和文化需求，这是一种不可逆转的客观规律。基本的需求层次理论将人类的基本需求划分为五大要素，分别为生理需求、安全需求、社会需求、尊重的需求以及自我实现的需求。而绿色消费在经济上则是一种比较高级的消费要求。绿色消费被认为是一种远远超越了自我本身价值的高需要消费。绿色消费的产生和发展将给未来社会经济中人们的消费观念、消费模式、消费方法以及消费结构等各个方面带来巨大的变化。绿色消费表达出一种更高级、更文明的理性消费观。

2. 以绿色环保理念为导向

用传统的方式进行营销的时候，主要关注消费者的需求，他们的购买意向也决定了生产厂商的发展方向。所以在这样的销售渠道当中，厂家为了获得更多的利益，就会将关注点放到刺激消费者的购买欲望上，也为消费者提供了很多优质的服务，这样就可以使其和消费者的联系更密切。但是，在绿色营销的模式当中，更重要的是对于环境的保护作用。企业在创造经济效益的时候，不仅仅要考虑消费者的需求情况，还要让消费者有绿色消费的理念。

3. 以绿色体制为法制保障

绿色营销可以使社会发展得更好、更协调。筑牢绿色发展根基，实现绿色发展是一项涉及方方面面的系统工程，其首要任务是破除体制机制障碍，不断挖掘绿色发展新动力。在竞争性的市场经济下，需要相对完善的政治法律法规与经济管理体制来保证绿色营销渠道的畅通，制定并实施环境保护与绿色营销的方针、政策，进一步创新机构设置，制约渠道各方面的短期绿色意识，因地制宜地设置相关机构，支持绿色蓬勃发展，保护全社会的长远经济前景。

4.以绿色科技为物质保证

科技是第一生产力。绿色科技是指所有的科学和技术活动都是保护人类健康和环境的核心，人类在生存的过程当中要进行可持续的经济发展，经济环保的绿色产业是全球经济最大的电力引擎。绿色科技将是一场新的工业革命。绿色科技是一门科学和技术，它可以促进人类的长期生存和可持续发展，促进人类与自然的共生。它不仅包括硬件，如污染控制设备、生态监测设备和清洁生产技术，而且还包括软件，如具体的操作方式，以及以保护环境为宗旨的工作和活动。但如果它与绿色理念背道而驰，就会适得其反，科学和技术的进步会对环境造成破坏，应该运用绿色的科技去开发出绿色的产品，生产过程中要尽可能节能，并且提高资源利用率，使得开发出的产品不破坏环境，而绿色科技就是这一过程的保障。

（三）绿色营销渠道的内容

1.绿色材料

对于绿色材料的选择来说，鼓励使用无毒、无害和可降解的生产材料，使其在使用结束后便于处理。

2.绿色设计

在工业化和制造业为人们带来现代生活方式的同时，也给地球生态平衡带来了前所未有地破坏，在此背景下，绿色设计顺势而生。绿色技术是绿色生产活动中的第一生产力，有利于平衡生态环境、保护人类身体健康、促进经济可持续发展。绿色技术在绿色观念上的体现不仅包括其"硬件"，如清洁生产科技、逆向渠道回收设备等，还包括其"软件"设施，如绿色科技的运营方法。

3.绿色生产

绿色生产是一种严格按照绿色标准执行的，以降低耗能减少排污的方式。它和清洁生产在本质上是一样的，但清洁生产主要体现在工业生产方面，所以绿色生产的理论内涵比清洁生产更加广泛，理论层次更加丰富。

4.绿色物流

在运输货物的过程中，要降低对环境的不利影响，使得物流的过程更加清洁，因此要充分利用物流资源、合理规划运输路线等。绿色物流就包含了包装、运输和仓储等全过程，具备了非常强的生态意识，也就满足了循环经济的要求。

5. 绿色营销

绿色营销是指从环境保护的角度出发，进行更加合理的营销。前提是满足消费需求，尽量减少环境污染，最大化地实现企业发展规划。

（四）绿色营销渠道的模式

1. 直接渠道

直接渠道是绿色产品分销渠道中的主要类型。直接渠道又叫零阶渠道，是指制造绿色商品的厂商以最直接的方式售出绿色产品给消费者，没有中间媒体介入，可免去中间商差价，以最直观的方式，最大限度地保证绿色产品到消费者手里的最终品质。

直接渠道营销对比间接营销以及后向营销来说较为迅速，且能够更直观地反映消费者与企业之间的交流。直接渠道包括直接邮寄、电视渠道、电话渠道、网络渠道、制造商自营等。对于绿色营销中的直接渠道来说，鲜活产品等需求量大的绿色产品的零阶渠道营销由来已久，如在鲜活农贸市场进行直销等。日本绿色产品流通方式很重要的一环就是采用零阶渠道的方式，使用农场场地直送等配送方式，积极推行"环境物流安全型"新农业概念。而农业相对发达的美国，自1985年开始实施"低投入持续型"农业政策以来，为了减少对绿色产品的污染，推行了"共同购买小组"，指一部分消费者自发组成购买小组，共同与农民签订合同，以一种市场外的流通方式——"产地直送、共同购买"的方式来购买。这样省去了单个家庭的交通成本，也最大限度地保证了产品的新鲜，对于直接渠道的营销也有了突破式的进展。

2. 间接渠道

间接渠道指的是产品通过流通的环节，流向消费者的渠道。它的模式为：以中间商为绿色营销渠道成员，绿色产品从生产者经过中间商再到消费者。间接营销渠道是最常用的传统营销渠道。借助于渠道中间成员的优势，可为企业增加商品销售的覆盖面，有利于扩大绿色产品市场的占有率，相对于直接渠道和后向渠道来说比较宽泛，在绿色产品市场上更能扩大其流通率，且覆盖率较高。借助间接渠道营销的优势，使得绿色产品的生产厂商更好地集中人力物力去生产绿色产品。但中间环节太多，也会增加商品的经营成本。

因为绿色产品本身的特殊性导致绿色产品的价格居高不下,不少中间商在销售时,更偏向于推销普通产品而非绿色产品。比如消费者去超市时,往往会发现绿色产品供应不足或者是消费者的需求得不到相应的满足,从中就可以看出绿色产品的产能非常有限。

据相关调查发现,多数中间商认为绿色产品的市场是相关企业自身的责任,在进行销售的时候,厂商也只是为商家提供一些相应的条件,至于绿色产品所需的营销计划还是由供应商自行解决。绿色产品进入市场后需要中间商对绿色食品进行再次运输、冷藏储存、食品分类、再次加工包装等才能对消费者进行销售,这一系列的繁杂工序都使绿色食品的加工过程有着高要求、高标准。

3.逆向渠道

逆向渠道也叫作后向渠道。对于营销渠道而言,企业运用营销渠道直接或间接地使产品最终交付到消费者手中,这时企业的营销渠道方向为顺向。而后向渠道则是指把产品和服务从消费者手中逆向交付到生产厂商手中,是一种较为新颖的绿色营销手段。

以固体垃圾再处理为例,固体垃圾的提供者为消费者,垃圾回收站成为接受者,对固体垃圾进行分拣、回收与再利用。这种渠道方式能大大地提高资源利用效率,减少"三废",对循环经济的发展有着重大的作用。

四、绿色营销与传统营销的差异

(一)营销理念的差异

国内外企业经历了长时间的探究和发展,营销理念的重心逐渐发生了转移,从传统的以产品为重点的发展转变为现代的以社会可持续发展为重心的发展,从而诞生了绿色营销的全新理念。相对于传统的营销理念,绿色营销理念与其不同之处大致分为三点。

首先,绿色营销理念的核心是人类的可持续发展,它有别于传统的营销理念,是指企业进行营销之时,需要以实现企业自身利益、客户利益以及与保护生态系统这三方面相统一为目的。

其次,绿色营销理念对于社会利益更为重视,因为企业也同样存在于社会当中。绿色营销理念对企业来说,要做到以社会利益为核心、以保护人类社会的长远利益为目标,要求企业在进行营销时,不只是考虑顾客的需求,同时也要关注社会和环境的长远利益和可持续发展的相关问题。

最后，绿色营销理念更加注重企业的社会职责以及道德责任感。它对企业的要求不仅是创造利润价值，而且还要肩负起保护社会与环境的使命，使企业、消费者、社会、环境四者相互有机地结合在一起，打造一个有道德、有责任感的绿色企业。

（二）营销目标的差异

传统的营销模式，不论是以客户为基础，还是以产品为基础，或者以市场为导向，其最终的目的都是企业的利益最大化。这种营销模式虽然普遍，但是会自然忽略掉社会属性的存在，会对自然生态系统造成伤害。因此，常常会发生这样的现象，企业为获取更高的收益，不惜以破坏环境为代价。而绿色营销的出现，则打破了这种单一的模式，它要求人类、企业、自然能够共存。它使人类社会需求、企业经济利益、生态系统稳定这三大系统达到和谐统一，从而实现整体的可持续发展。绿色营销理念不仅考虑企业自身的发展利益，而且还需要考虑更大范围的社会群体的利益，以及关系到每个人的环境生态保护。

（三）营销手段的差异

传统营销模式通过有机组合产品、价格、促销等方式来达到营销的目的，而绿色营销则更突出"绿色"这一属性，将产品的特色发挥到极致。它更加重视客户对绿色产品提出的诉求，首先使用绿色技术完成加工制作，对于制作阶段所产生的垃圾及废物进行绿色排放，尽力按照绿色标准类产品进行研发和运营。企业要求以绿色环保为核心的理念必须贯穿于产品从生产加工制作到投入市场销售的整个过程中。

第三节　关系营销

一、关系营销的起源

现代市场营销的发展，按照时间可以划分为以下几个历史时期。

① 20 世纪 50 年代：此时期公众对营销的关注点主要集中在消费品上。此时期的营销重心可以归结为"顾客营销"。

② 20 世纪 60 年代：此时期，工业市场的发展日新月异，顾客营销的理念被严重颠覆。此时期的营销中心可以归结为"工业营销"。

③ 20 世纪 70 年代：此时期，学术界与实践界将相当一部分精力投入非营

利性或者社会福利性的产品领域。此时期的营销中心可以归结为"非营利和社会营销"。

④20世纪80年代：此时期，人们将更多的关注力由传统产品行业转移到服务性领域。此时期的营销中心可以归结为"服务营销"。

⑤20世纪90年代：此时期，关系营销得到越来越多的关注，可以归结为"关系营销阶段"。

进入20世纪90年代后，卫星通信技术、信息处理技术、信息控制技术等在全世界范围内得到广泛应用，加之电子工业的飞速发展，越来越多的人已经意识到市场营销更加广泛的应用领域包括劳动力市场、顾客市场、内部市场、供应市场等。企业的管理人员在开展营销方案设计的过程中，需要将各种营销要素进行有机组合，以实现公司内部要素与外部市场环境之间的最佳匹配。

同时，新技术的应用更加推进了人与人之间的合作依赖程度，对于感情的注重在市场营销中的作用逐步加强。无论是学术界的学者还是企业管理人员，都意识到了企业与顾客之间的关系在发生潜移默化的变化。市场营销已经伴随着生产方式、消费理念的变化，逐渐从以交易为中心转向以关系为中心，这也意味着关系营销的正式产生。

二、关系营销的界定

美国得克萨斯州A&M大学的伦纳德·L.贝瑞教授于1983年在美国市场营销学会的一份报告中最早对关系营销做出了界定，他指出："关系营销就是创造、维持和加强客户关系。"除了顾客营销，菲利普·科特勒在1991年也提出了关系营销的综合概念，提出关系营销涉及供应商、竞争对手、分销商、政府、内部员工等主体，以建立各相关主体的关系为前提，组成互惠互利的利益共同体，然后通过利用与相关主体的关系，实现互利共赢的营销活动。

从上述定义可以比较清晰地理解关系营销的概念，本书将关系营销概念的内涵大致归纳如下。

①建立营销关系的目标是与客户、供应商、零售商、竞争对手、政府等保持联系，持续推进营销关系的进步，建立长期稳定和谐的合作关系，实现企业的长远利益，同时实现各关系主体的利益。

②最终的结果是在市场营销和公司之间建立协调关系，使有效的网络利益相关者从公司之间的竞争中获得长期的利益。类似的不仅是销售领域的竞争，更重

要的是质量与利益相关者之间的竞争。网络的稳定是其可持续发展的重要基础。

③以建立市场关系为出发点，充分挖掘和理解不同利益群体的需求，在各方利益的指引下持续发展与各方的关系，从而构建和谐高效的网络关系，实现互利共赢的目标和愿望。

三、关系营销的特征

传统营销中重点关注企业自身，很少关注其他利益相关体，从企业利益出发，通过自身的行动去引导顾客做购买决策。区别于交易营销，关系营销有其独具一面的特征。关系营销的基本特征主要包含如下。

①关系营销是企业与客户、供应商、竞争者等之间的双向交流过程。关系营销中所说的沟通不仅仅是企业主动迎合顾客、供应商、竞争者等，在营销过程中，企业可以依次主动与顾客、供应商、竞争者等单位进行沟通。在追求互利共赢的过程中，相关单位也要积极寻求与企业的沟通。任何一方都不应被动接收信息，而应主动提供反馈，提出自己的想法和建议，建立稳定有效的沟通机制。

②关系营销是企业与顾客、供应商、竞争对手、内部员工和利益相关者进行合作的战略过程。传统营销中重点关注企业自身，很少关注其他利益相关体，以企业为中心点出发通过自身的行动去引导顾客做购买决策。与传统营销相比，关系营销有其独特之处。

关系营销强调企业与利益相关者之间要相互支持、协同合作，大家朝着统一的发展目标努力，通过合作联盟实现共赢。通过加强相互反馈、相互合作，让自身融入关系营销的环境中，抛弃传统营销观念，建立起相互信任、相互受益的长期互利关系。公司与客户、供应商、竞争者、影响者、内部员工等利益相关者合作，建立长期、良好、稳定的合作关系，追求关系主体各方利益的最大化。合作关系使企业和其他各关系主体形成一个整体，使整个系统更加团结、系统和连贯。沟通与合作是关系营销的基石。

③关系营销是一种互利的"双赢"活动，双方共同努力，促进各方利益增长。各方通过努力、合作、沟通和协调，建立了稳定、良好和长期的关系，目的是找到各个利益集团的利益所在，同时满足各利益体的利益与合作诉求，实现各方共同利益最大化。

④在关系营销中，不仅要满足客户在物质上的利益需求，而且还要顾及客户在精神上的诉求和情感上的满足。这也是发展与稳定客户的重要因素。

⑤持续对关系营销体系参与者，如客户、供应商、竞争对手、分销商等进行跟踪，并把关系营销过程中所产生的信息进行及时有效的记录与反馈，掌控关系的动态和发展情况，提升产品和服务的管理水平，并持续改进，更好地满足市场需求和客户诉求。

四、关系营销的原则

关系营销是企业与顾客、供应商、分销商、竞争对手、企业员工及社会公众媒体相互依存、相互辅助、相互支持的过程。关系营销的核心是建立和发展长期稳定、相互依存、相互促进的关系，实现双赢的发展关系。关系营销包含三个基本原则。

（一）主动沟通原则

企业要主动与关系营销中的其他各主体方沟通，准确及时地掌握他们各自的诉求，第一时间提供给他们最优的解决方案，让他们能够感受最好的服务体验，解决他们的痛点。通过不断互动、频繁沟通，让客户更好地了解企业及企业文化，让客户充分走进企业，理解产品的优势，从而赢得客户的信任。

（二）承诺信任原则

不履行承诺，就无法建立信任。企业在关系营销过程中要敢于为客户做出承诺并如实履行，要让其他关系主体充分体会到他们的利益能得到保障与兑现，通过多次合作后逐步建立信任关系。只有言而有信，承诺能确实履行，在相互信任基础上，企业方能与其他关系主体维持长期稳定的合作关系。

（三）互利互惠原则

关系营销的基础是互惠互利、合作共赢，所有关系营销中的各方都应在关系营销活动中"有所得"。各关系方在合作过程中要兼顾相互的利益，以最优质的服务与产品开展与相关方的合作。

五、关系营销的市场模型

关系营销涉及的关系体不仅仅是企业与顾客，同时还涉及供应商、竞争者、企业内部、渠道经销商和相关影响者，因此，这个关系主体的市场都将纳入关系营销的范围内。

(一)客户市场

客户是企业生存和发展最重要的资源。市场竞争说到底就是争夺客户资源,赢得客户的信任,提升产品在市场中的份额,扩大品牌在业内的影响力。从各种研究结果来看,成功开发新客户的成本比留住现有客户的成本高出六倍。企业既要开拓和发展新客户,同时又要维护好现有客户,降低客户的流失率。企业必须有效利用各种手段、技巧、方法去维护客户资源和客户忠诚度。

(二)供应商市场

任何企业在开放的市场中都不可能独立存在,也不可能自身就拥有生产所需的全部资源。企业想要获取足够的、质量有保证的资源和快速地猎取资源,很大程度上取决于企业与供应商长期建立关系的层次。因此,关系营销强调企业与供应商之间不只是交易关系,而是更加注重双赢的合作关系。及时获得必要的资源,可以使产品和服务在价值链中有效传递,补强企业综合竞争力。

(三)竞争者市场

企业与竞争者关系营销在传统上可以理解为纯粹的商业竞争,但在关系营销范畴上是企业与竞争对手除了在公平的竞争环境中通过合法的手段竞争外,同时还要与竞争者相互合作,构建紧密的合作关系,避免恶性竞争,协调共同利益,优势互补,达到双赢的良性竞争的结果。

(四)内部市场

内部市场模型的对象主体是内部员工,而客户服务满意度与忠诚度都是由内部员工创造的,因此不能把他们单独分开来看,二者都必须得到关注。内部市场是企业营销活动的基础,只有得到企业内部的支持,才能顺利实现企业的运营,产品的质量才有保证,并能让员工内心深处主动为客户提供优质的服务,提高客户满意度,而内部市场的对象主体主要涉及营销人员、客服人员,甚至公司全体员工。只有各方面有效协同运作,才能为客户创造最大的价值。

(五)分销商市场

任何企业在营销过程中都不可能完全只靠自己的销售部门去完成市场销售,必须借助经销商。在企业营销中,经销商扮演着越来越重要的角色。在经销商市场,公司首先会对经销商所拥有的经营条件、经营能力、可持续性、盈利能力进行评估,然后选择合适的经销商。在此基础上,公司将提供具有竞争力的经销商折扣价值，与经销商进行充分的沟通与合作，与经销商建立并保持长期、稳定、互利的合作关系。

（六）影响者市场

随着社会与客户需求的不断变化，市场从"以生产为中心"向"以市场为中心"到"以客户为中心"转变，社会关系的结构发生了根本性的变化。企业要生存和发展，除了要提供高质量的产品来满足市场需求，还要注意维护与政府组织、金融机构、公共媒体等社会组织的关系，以赢得公众信任，树立良好的企业形象。在受影响的市场中，公关是最重要的营销工具。

六、关系营销的具体措施

（一）关系营销的组织设计

关系营销的实施必须有更好的协同性组织，才能同时兼顾客户、供应商、竞争者、内部员工、公共影响者等的关系，步调一致地朝着统一的目标努力，使企业的目标得以顺利实现。企业必须建立以常态性、适应性、针对性、整体性、协调性、高效性为原则的企业关系管理组织。

（二）关系营销的资源配置

企业要实现自己的经营目标，面对不断变化的市场需求、社会环境的变革和外部加剧的竞争环境，必须充分合理分配有限的资源。

企业资源主要包括人力、财力、物料和信息资源。人力资源配置可通过企业内部调配或有针对性地培养或外部招聘。财务资源配置可通过财务部门将有限的资金调配或通过外部融资方式。物料或设备配置主要可通过充分利用现有可使用的物资或设备资源，或者通过第三方合作形式实现。信息资源配置是指在构建安全网络环境的基础上，建设信息资源管理系统，通过数据系统把信息资源按需共享，并形成数据分析，为关系营销的开展提供辅助手段。

（三）关系营销的效率提升

当然，在与外部企业合作的过程中，会存在提升对手实力的风险。同时，企业各部门之间的利益关系也各不相同。这两个方面构成了协调的障碍。其他特殊原因包括：利益不对称，担心失去自主权和控制权，不完整的激励制度，担心权力下放会受到破坏。

关系营销是在传统营销的基础上发展起来的，融合了多个社会学科的思想。企业营销过程的核心是建立和发展与客户、供应商、经销商、竞争对手、政府部门和其他公民的良好关系。在任何一个市场中，关系都扮演着重要的角色，在有些时候往往极有可能成为企业营销 X 因素，起着关键作用。因此，越来越多的企业都在关注与重视关系营销。

第四节　整合营销

一、整合营销理论概述

（一）整合营销理论的发展

20 世纪 70 年代，在企业对营销活动日渐重视的背景下，定位理论诞生了，企业通过统一的品牌输出来实现产品定位。企业将一切营销行为有机整合，便形成了整合营销的基础。

20 世纪 80 年代末，随着互联网技术日新月异，互联网时代的市场竞争越来越激烈，消费者心理变化明显，购买需求逐渐丰富，购买决策也变得更加理性，市场越来越注重以消费者为中心，已经发展了近一个世纪的传统营销理论已经不能满足新的市场营销环境。

在此大背景下，整合营销理论就应运而生了。整合营销是对传统的广告和营销方式的革命性创新，这是一种市场营销学的新概念。企业开展整合营销活动的原因在于企业想更好地实现自身的经营目标，根据定制化营销策略，企业通过打造一体化的营销手段，使得消费者对于企业的品牌形象和产品能够实现一致性。

整合营销理论常常与整合营销传播理论相混淆。在范围上，整合营销理论涵盖的内容远大于整合营销传播理论，后者属于一种传播理论，其核心是如何把消费者感兴趣的信息传递给消费者，即以何种渠道传播何种信息给何种人群。在研究对象上，整合营销理论研究企业各类整合的资源，而整合营销传播理论研究企业的顾客属性（如顾客的媒体偏好等）和企业的信息资源。可以说，整合营销传播理论是整合营销理论的重要组成部分之一。

整合营销中的整合，代表着"统一、全面、综合"，其核心含义是指将各个离散的部分进行充分有效的组合。同时，在营销活动的实践中，整合营销更注重在执行过程中进行动态调整，使整体结构更加完善和谐。

20世纪90年代中期，由保斯蒂安·库德率先提出了整合营销的基本概念。所谓整合营销，就是根据企业的战略规划，对企业经营过程中的各种资源进行有效的合并及使用，从而有效地实现企业的经营目标。菲利普·科特勒认为，当企业所有成员都努力向顾客提供高质量的服务时，企业就形成了整合营销。

近年来，整合营销在中国也受到了广泛关注，我国的专家学者们对整合营销理论也进行了有效的研究和实践。整合营销理论的发展日渐丰富，并逐渐发展为更符合现代市场营销环境的理论。整合营销是各种营销方式的有效组合，其根据市场变化灵活调整，是大多数企业在面对激烈竞争、复杂多变的市场环境时的一种长期有效的营销选择。

通过上述研究可以得出，尽管国内外专家对整合营销理论的定义不尽相同、各有侧重，但是，基本思路一致，即整合营销以消费者的需求为导向，对企业营销资源进行一体化整合，并高效配置使用，从而有效实现企业经营目标，达成交易各方价值增值的目的。

整合营销理论从提出到发展至今，是由很多基础理论组合而成的。目前，比较受到学者们认可的依然是4P、4C、4R营销理论。企业在实施整合营销策略时，已经不仅仅采用一种营销理论作为策略指导，而是进行理论组合。而在这其中，4C理论和4R理论是整合营销策略实施中的重点。

1. 从用户角度出发的4C理论

随着市场环境的变化，企业竞争愈加激烈，用户的多样性、个性化特征显现，传统的4P理论以产品为导向，表现出了明显的弊端与不足。20世纪90年代，营销学专家罗伯特·劳朋特发表了《4P退休，4C登场》一文，提出了新的4C营销理论。

4C理论由消费者（Customer）、成本（Cost）、便利（Convenience）、沟通（Communication）四个要素组成，该理论以用户需求为核心，重新制定了营销活动的四大要素。在罗伯特·劳朋特看来，顾客感知价值为顾客购买总价值与顾客购买总成本的差额。因此，企业开展营销活动，必须从消费者的角度出发，为消费者获得最大价值而努力。

2. 以共同利益为目的的4R理论

随着社会经济的发展，合作共赢思维开始显现，在开展营销活动时关注市场中彼此相关联的各企业之间共同利益的实现成为企业经营的新思维。在此背景下，基于合作组织共同利益的4R理论诞生。

4R理论分为两种解释：第一种由唐·舒尔茨提出，4R包括关联（Relevance）、反应（Reaction）、关系（Relationship）和回报（Reward）。第二种由艾略特·艾登伯格提出，4R包括关系（Relation）、节省（Retrenchment）、关联（Relevancy）、报酬（Reward）。尽管两种4R理论中的四个要素不完全相同，但都有着共同的思想核心。随着经济的发展，企业需要从更多维度上，用更具效果的方式，在企业与消费者之间，建立起一套新的主动沟通关系。

整合营销理论基于4C和4R理论等开展研究和实践，通过消费者角度审视市场环境并对消费者的真实需求展开分析，以资源整合的方式实现企业经营目标的最大化实现。

（二）整合营销的内涵

1. 整合营销的两个方面

一个方面是营销指导思想，另一面是营销策略实践。对企业来说，整合营销首先是一种经营指导思想，需要所有的部门配合整个整合过程。只有企业在组织内部充分认同整合营销的指导思想，在经营时才不会在营销方法上出现偏差。接下来，就是在充分整合营销思想的指导下，展开更深层次的执行，使有效的营销实践落地。

2. 整合营销的核心

整合营销的核心是优化资源配置和高效率执行。在制定自身营销策略时，企业的生产、制造、销售和服务等各个环节，往往都是不同组织分开独立开展的。而对于需要开展整合营销的企业来说，需要专门的组织来改进企业内部沟通方式，以避免在营销活动的全流程中，出现资源重复消耗、信息不同步、指令不清晰等问题。整合营销需要企业改变资源利用模式，合理、有效地分配企业经营资源，所有组织按照企业统一的经营目标和营销战略来运行，使企业的运营活动既有统一的组织框架，又有紧密的内部联系和沟通。

3. 整合营销注重以消费者需求为中心

在互联网时代，消费者已经处于市场中的主导地位。企业要寻找到特定的消费者，以满足此消费人群的需求为公司目标。市场要求企业全面、深入地了解消费者，各行各业的企业在营销活动中，都需要重新审视企业与消费者的关系，通过有效的营销手段，为消费者提供满足其需求的产品或服务。

此外，在营销活动中，企业需要将信息的传递由企业向消费者的单方输入形式，转换为企业和消费者的双向互动模式。准确地了解消费者的核心需求，是企业营销活动有效性的保证。

4. 整合营销的要求

整合营销的要求是一致性。整合营销要求企业有计划、有目标、有策略地进行组织协调。首先，企业内部需要建立统一的营销认知，要求组织的每一位成员在营销思维和营销目标上保持一致。其次，结合企业从过去到现在的所有经营活动总结的经验，对企业的组织架构、资源配置进行调整，通过各种整合营销手段，将企业品牌、产品功能、服务特点等有效地传递给各类型的消费群体，并形成与品牌有强关联的一致性认知，从而有效地实现企业的营销目标。

综上所述，整合营销并不是对营销中的各个单一因素进行组合，也不是对所有因素进行简单或表面化的布局。整合营销的内涵，应该是着手满足消费者需求，通过整合统一的组织目标，调整组织架构，协调组织关系，配置企业资源，将营销活动中相关的各要素或环节整合打造一体化。

（三）整合营销的原则

1. 用户导向原则

企业营销活动的定位或策划需要以用户需求为导向，对目标细分市场的用户进行调查分析，并选择合适的渠道与营销方式进行营销触达。通过精准、有效的沟通与交流来提升用户感知，保持稳定的客群关系。

2. 互动原则

在信息技术的快速发展下，单向的信息传播方式已经不能满足用户的个性化需求，消费者更倾向于采用互动式的信息交流方式。因此，新兴的营销方式要注重增强用户互动，及时获取用户对营销活动信息的反馈，从而及时地调整产品和服务策略，以使消费者能够获得更好的消费体验，并进一步加深对品牌的偏好度。

3. 一致性原则

企业在整合营销活动中，要注意始终保持品牌的一致性，在所有营销方式和传播渠道中，保证用户都有清晰的品牌接触点。并且，所有的品牌形象与品牌印象需要保持一致，彼此保持营销协同，使得品牌传播效果最大化，品牌价值得到最大化提升。

二、整合营销的优势

相比于传统营销方式,整合营销主要有以下四个方面的显著优势。

(一)有利于企业资源的高效配置

整合营销可以对企业内部的既有资源进行科学、合理、有效化的配置,能够提升企业核心产品技术水平,淘汰产能过低、资源利用不合理的过时技术或设备,整体优化企业对于各类资源的利用能力,提升企业运营效率。

整合营销能够提升内部组织的效能。通过组织结构调整优化、目标制度统一化、产品线调整等诸多手段,对企业的全部内部资源进行高效整合和统一管理分配。在营销活动中,始终保持各部门之间的目标一致性,保持彼此合作和落地执行的各环节协调一致,避免出现企业资源使用效率低下的情况,全局监控进而提高企业既有资源的利用率,最终达到实现企业营销目标,保持绩效稳定提升的状态。

整合营销可以帮助企业实现外部资源的利用和整合,扩展资源渠道。整合营销通过品牌一致性对外、营销策略一体化、合作伙伴拓展等各种手段,挖掘更多可以合作利用的外部资源,共同创造和建设强有力的企业营销势能,积累更多的营销资源,并进一步减少企业外部营销成本,最终实现企业整体绩效持续提升的目的。

(二)有利于企业开展精准营销

企业要实现绩效持续提升、规模不断壮大并能够获得长远收益,与消费者需求得到精准满足紧密相关。整合营销理论能够更好地为企业的经营活动提供实践指导,适应企业发展规律,始终坚持以满足消费者需求为导向。因此,在企业策划整合营销策略时,会自然地以消费者的偏好为策略核心,研究并策划出能够满足目标消费者需求的战略战术,并针对性地调整产品或服务策略,提供更能吸引消费者注意力、提升消费者满意度的各类产品或服务。同时,开展相应的各种营销活动,始终吸引消费者的关注,不断满足消费者的差异化需求,最终实现企业持续的发展壮大,实现企业的长久收益。

(三)有利于企业多层次、立体化整合

整合营销有利于企业多层次、立体化整合,从公司整体到各部门、各区域、各业务线等都需要统一营销目标。统一营销观念与营销活动的认知将企业制定的营销策略、运营目标、营销资源利用等进行层层递进与分解,并精准地、有效地

分配到企业的各个环节和各项工作中去。而且，整合营销有利于企业各部门工作内容的协调统一，可以避免资源浪费和业务冗余。充分划分各部门之间的任务侧重点，在企业制定整体经营目标之时，便从全局出发，按照主次分明的原则，创造各组织间有效分工协作、高效交流、互相促进的工作机制，形成企业内部的凝聚力和号召力，实现企业发展的阶段性经营目标。

（四）有利于促进企业创新

企业运用整合营销理论可以分析整体宏观经济环境、企业所处行业的市场动态和企业自身竞争的优劣势，进而在深入分析整体营销环境的前提下，及时了解市场需求、更新消费趋势，精准地挖掘用户的需求。企业应针对性地匹配相适应的各种类型的营销策略，在消费者面前不断强化品牌形象，吸引更多的消费者关注企业的产品与服务，促进企业不断创新、创造新价值，为企业经营带来持久的积极影响。

第五节　体验营销

一、体验营销的定义

对体验营销的理解，主要从客户角度和企业角度两方面来进行。从客户角度来看，体验营销应该从感官、情感、思考、行动、关联五个方面出发对营销策略进行设计。从消费者角度出发，消费的形成主要有感性消费与理性消费两种，而客户消费过后的体验则是企业形成品牌的关键因素。

从企业角度来讲，体验营销主要从顾客体验角度出发，进行营销方面的创造。《哈佛商业评论》一文对体验营销进行了概念解释，简单来讲就是企业为了满足消费者需求而进行的一系列的体验活动。国内著名学者崔涛与张国华也对体验营销的概念进行了分析，指出体验营销是企业根据客户需求进行的以情境回顾或者事件安排为基础的吸引客户沉浸其中的过程。

结合上述概念可知，体验营销是一种企业对客户理解与认识的过程，在这个过程中通过有效的营销来获得客户愉悦体验进而达到企业与客户交易的目标。我国著名研究学者陈敏认为体验营销包含着客户的感性与理性消费，客户在消费前、消费中、消费后都有着良好的体验，企业通过深层次挖掘客户的感性与理性体验进而使其获得良好的感受，最终形成消费。

二、体验营销的特征

（一）站在用户角度思考

现如今，吸引人们注意力的产品越来越多，各种线上和线下的营销种类和内容无比丰富。企业若不能站在用户角度思考、不以用户为中心设计出的体验势必无法提供令人着迷的使用体验和独特感受，也无法吸引用户的关注。

这就要求体验营销着重以客户为中心，站在用户角度分析和思考，能够为用户提供有价值的各种体验，深度追问客户内心的需求是什么，有什么样的喜好和特别需要，以此为基础构建一系列丰富独特的营销活动，让不同的用户享受不一样的体验感受，不断为用户创造新的价值体验，形成良性循环。

（二）让用户主动参与互动与交流

大多数企业在吸引用户关注时采用的都是传统营销方式，如电视广告、告示牌、搜索查询等，用户更多的是被动地接收信息。在体验经济时代，企业吸引用户的方式已经超越传统，为了吸引用户的关注，企业必须营造出足够"吸睛"的体验来吸引用户付出更多的时间和金钱。这也要求企业必须精心设计与客户互动的环节，重视客户的想法和反馈。

（三）着重关注用户独特的内心情感

体验从根本上说是完全内化的，由于用户有着群体差异、以往经历差异、体验时情绪差异、关注点差异以及其他很多方面的差异，所以每个人在同一时间、地点，对同一事物的体验可能完全不同。体验本质上是高度个性化的感受，用户根据个人内心情感需求决定对营销内容的关注程度。体验营造本质上是要深入用户内心以调动起参与的积极性。企业在体验感知和相应个体内心情感需求差异过程中做得越好，创造出来的体验就会越吸引人。为用户提供独特个性化体验可以说是体验营销的精髓，其能高效满足不同用户的独特情感需求，为用户提供令人难忘的美好体验。

（四）将体验贯穿用户消费的全过程

每个用户的时间都是有限的。一天只用24个小时来体验生活中的各个方面，企业在向市场提供以体验为主的产品和服务时应尽可能地吸引更多的用户时间和关注而不是放任用户在竞争对手的产品上花费宝贵的体验时间和金钱。这就需要企业必须精心设计与用户互动的体验时间，以优质良好的体验过程让客户愿意花费更多时间和金钱享受符合其内心需求的体验，给其留下美好的回忆。大多数企业在吸引客户关注时采用的都是传统营销方式，为了吸引用户的关注，企业必须用内容丰富的体验事件和活动增加用户的停留时间。在整个营销过程中将体验设计贯穿于售前、售中以及售后的完整过程，让用户在消费的全过程中体验无与伦比的消费感受。

三、体验营销的维度

体验营销，相对于其他营销方式来说，是一种新出现的营销方式。体验营销通过企业制定各种情境促使消费者产生回顾并形成愉悦体验，最终在整个消费过程中获得自由享受。伯德·施密特博士在他所写的《体验营销》中认为体验营销主要包括感官、情感、思考、行动、关联等维度。

（一）感官

这是体验营销中最为常见的一种营销模式，主要以视觉、听觉、味觉、触觉等人体感官感受为切入点促使消费者产生愉悦体验，最终形成消费。从感官视角出发主要是为了提升消费的感官体验，基于感官体验来直接刺激消费者的消费意愿。

（二）情感

这一维度主要从消费者情感角度出发，比如父母与子女之情、朋友之间的友情以及对祖国的热爱之情等，将这些情感融入体验营销中，使消费者得到感情上的共鸣，最终形成消费。基于情感的角度能够激发消费者的认同感、信任感、荣誉感、忠诚感等，情感体验营销所带来的刺激更多的是内心情感方面的。

（三）思考

企业通过制定特定的情境促使消费者在参与其中的时候深入思考，通过思考获得良好体验或者学到知识及能力，进而形成愉悦体验。思考体验营销主要是引导消费者对产品及服务的相关信息进行深度思考，进而促使消费者在内心产生对产品及服务的认同感和消费意愿。

（四）行动

行动体验营销是指企业通过吸引消费者参与到实践过程中，使其获得良好体验，进而形成消费，比如目前企业进行的拓展训练、培训学校组织的读书报告会等多属于行动体验营销。通过行动体验能够让客户直接地参与到具体的业务服务流程中，让消费者切实地感知到产品及服务的状况。

（五）关联

企业通过构建客户交流群、客户联谊会等，让有相同需求的客户互相关联起来。通过关联能够让消费者对其他消费者、其他产品及服务产生一定的互动性和认知，进而提升整个体验营销过程的连贯性。

四、体验营销的原则

（一）真实性原则

真实性原则是体验营销策略的重要原则之一，指的是企业在进行营销体验的过程中需要保持产品以及体验过程的真实性。站在消费者的角度考虑，其除了享受产品的"物美价廉"之外，还需要认定产品与服务的真实性，只有确定真实之后才会形成购买。而体验营销过程中则需要使消费者认定产品与服务的真实性，除此之外，在体验营销过程中，企业还需要真实地把握消费者的心理，了解其购买期望点，而后制定正确的体验营销策略，最终实现产品与服务的顺利营销。

（二）适用适度原则

体验营销虽然效果较好，成为目前诸多企业十分青睐的营销策略，但是在体验营销实际执行过程中需要遵循适用适度的原则，如果在进行体验营销的过程中不能遵循此原则，那么就会产生过多的代价而不能获得期望的结果，也会导致体验营销不能满足消费者需求，效果不佳。

（三）合理合法原则

我国地大物博，各个地区的文化与生活差异较大，因此在进行体验营销的过程中，应该充分考虑各个地区文化与生活的差异性，因地制宜地制定合理的体验营销策略。此外，在进行体验营销的过程中要注意合法性，既要符合国家的基本法律又要符合各个地区的法规与政策。

（四）顾客为重原则

顾客是营销的对象，产品与服务只有符合顾客的实际需求才能获得认可，进而形成消费，企业才能在销售之后获得利润，因此以顾客为中心是实施体验营销的关键，只有在体验营销过程中充分了解客户需求，以客户为中心进行体验设计才能获得客户认可。

具体来说，体验营销策略的制定要充分考虑消费的环境，而后从整体环境出发进行消费产品与服务的设计。总而言之，体验营销是目前受到广大企业重视的一种营销模式，体验营销设计需要以客户为中心展开。

（五）心理分析原则

随着我国社会经济的进一步发展，心理需求的满足成为人们消费的重要方面。企业在进行体验营销时要注重客户的心理需求，只有满足其心理需求，才能更好地实现消费。

具体来说，企业在进行产品设计时要重点进行产品心理属性的开发，尤其是产品的品位、形象、个性以及感性等，通过体验营销策略，将产品的这些特征得以完美展示，才能获得顾客的认可，形成购买。

第六节　善因营销

一、善因营销的界定

善因营销，又称为慈善营销、公益营销或者是事业关联营销，起源于1981年，为了发展圣弗朗西斯科的美术事业，美国通运公司与"艾丽斯岛基金会"这一非营利机构合作，凡是通运公司的老顾客刷通运卡消费一次或者新顾客申请新卡，该公司就会向该基金捐1美分，用以保障该基金正常运作。这一合作为通运公司赢得了美誉和利益，也为艾丽斯岛基金会筹集了足够的运作资金。自此，大量企业开始模仿通运公司这一营销方式，善因营销自此流行。

有学者最早将善因营销定义为：当消费者为了实现自己的目标而进行产品交换时，企业会遵循某一规则，向与之合作的非营利机构进行捐款。这一定义突出了企业想销售产品、向非营利机构捐款这两点，被学术界所认同，被称作经典的狭义善因营销概念。著有《善因营销》等多部著作的英国营销专家苏·阿德金斯对善因营销的定义范围最广，他认为广告、公共关系、促销和赞助活动，只要是与公益事业相关联的，就都是善因营销；举办善因营销的企业都要与慈善组织、机构或者是公益机构取得商业联系，而且合作双方都会获利。

我国学者对善因营销的研究起步较晚，但也对其进行了定义，在国内一般将"donation"作为善因营销下赞助的研究词汇。李荣伍和卢泰宏将事业关联营销引入国内，企业通过与非营利机构和公益组织合作，将销售目标与公益事业或者社会问题结合起来，在为其合作机构进行捐款的同时，实现销售目标，增加企业利润，提升企业形象，并指出事业关联营销和公益赞助明显不同，前者不独立直接地向慈善机构捐款，因而企业并不会因为善因营销获得税收减免。高定基和范海峰指出，事业关联营销的前提是企业通过保护环境、扶贫、建希望小学、设公益基金等活动承担了一定的社会责任，企业借助传播工具对这些活动进行宣传，意图改善企业名声、建立企业形象、提升知名度、形成品牌忠诚，最终实现销售目标，这一营销形式叫作事业关联营销。这一定义指出，承担企业社会责任是善因营销的前提，增加销售额是善因营销的最终目标。严莉认为保护、提高消费者福利和社会福利是善因营销的前提，善因事业营销是企业将销售目标、目标市场和公益事业三者结合，以赢得消费者的赞美，以期用积极向上的企业价值观博得消费者的认同，激发消费者的共鸣，突破消费者的心理防线，最终实现销售目标。曾朝晖认为企业通过一定的公益手段推广企业社会形象，这种营销方式就是善因营销，并指出善因营销应该是长期统一的，并且和企业战略相结合。我国学者虽然对善因营销定义的表述不是很相同，但大多数都认为企业进行善因营销有实现销售目标和承担社会责任两方面的动机。

综上所述，善因营销是指在企业履行社会责任的前提下，通过与非营利组织和其他类似机构开展互惠互利活动，将销售目标和公益事业相结合，致力于保障消费者利益、为社会造福祉，以期赢得消费者对企业的积极口碑，获得消费者的认同和青睐，最终增加销售额。

二、善因营销的分类

根据善因营销时间的长短进行划分，可将善因营销分为持续性善因营销和一次性善因营销两种。一次性善因营销是指在一定时间内一次性完成的，或者是与某一非营利组织、其他类似机构的合作只开展一次的善因营销，其优点体现在有确定的活动次数和时间，可以即时检验活动成果，便于企业对整个活动进程进行控制，但也会因为持续性差、曝光时间短等原因，对消费者产生的冲击不够，收效甚微。相比之下，持续性善因营销的持续性优于一次性善因营销，曝光时间也够长，对消费者的冲击更连续，同时可以提升消费者参与度，有利于消费者产生积极正向的品牌联想，树立良好的品牌形象，为企业创造经济和社会利益。

以与公益组织的合作方式划分，可将善因营销分为联合主题推广、特许授权推广和基于交易的推广三种。联合主题推广是指企业与非营利机构合作，通过发放宣传材料、免费产品或者播放公益广告来防治或解决受关注度较高的社会问题。

特许授权推广是指企业被授予非营利组织的名称或商标的使用权，以捐赠固定金额或一定比例的收益为条件，以热衷于公益活动的消费者为营销对象。基于交易的推广是指以销售产品或项目为目的并将部分销售额捐给非营利机构的善因营销活动。

根据善因营销的公益事业类型划分，可以将善因营销分为人性化、新闻化、大众共同参与化、反映潮流的趋势化四种。人性化善因营销最为常见，有助于展现企业温馨和人性化的一面。新闻化善因营销以受关注度较高的新闻事件为契机，给予新闻事件中的人物或事件以帮助，进而开展营销活动。大众共同参与化善因营销是指企业对某一社会现象给出自己的建议或批评，呼吁消费者共同参与，以实现回馈顾客、关心社会的目的。

反映潮流的趋势化善因营销以预示未来发展及需求的问题为契机，开展顺应时代发展、反映潮流趋势的善因营销活动，以吸引消费者的关注。

根据企业为投资主体划分，可将善因营销分为设立奖项或基金型、抽奖捐赠型、销量决定型、义卖捐赠型和公益事业冠名型五种。设立奖项或基金型善因营销在西方国家很常见，但是由于中国政府政策的限制，企业只有在与国家基金会合作的情况下才能将基金以本公司产品或名称命名，所以中国企业更多的是用企业名称设立奖学金或者奖项，这种形式的善因营销可以提升企业的影响力，树立良好形象，但是需要企业投入一笔数额较大的货币资源，可能会对企业的后续经营产生影响。抽奖捐赠型善因营销的前提是消费者必须购买了本企业的产品或服务，通过消费获得抽奖机会后用奖品支持公益事业，这种形式的善因营销有助于塑造良好的企业形象，并在短时间内促进销售，但完整实施此类活动比较难。销量决定型善因营销是指企业在一定时间内的捐款数额视销售额的多少而定，这种方式操作简单，但是直白的目的容易引起消费者的反感，对塑造品牌形象的帮助不大。义卖捐赠型善因营销是指企业组织或参与一些拍卖自己的产品、有意义的物品或有一定市场价值的礼品的活动，这种拍卖活动需要有一个公益主题。这种方式的善因营销不但会激发员工的自豪感进而形成对企业的热爱，而且还有助于塑造企业形象，但是也有缺点，此种形式成功的前提是获得社会的关注和响应，花费的人力物力也比较多。公益事业冠名型善因营销被很多企业喜欢，顾名思义就是用本公司的名称冠名某一公益事业，多见于企业对高校的捐赠，以进行某些科研活动，其优点是可以提升品牌形象，扩大影响力，吸引人才，获得前沿技术的话语权，但是透明度低、收益慢，需要倾注持续的投入和关注。

根据善因营销给企业带来的双重价值——经济和社会价值划分，可将善因营销分为交易型、关系型、公益型和社会型四种。交易型善因营销持续时间较短，会带来较低的社会价值和短期企业价值，交易性很强，多使用的营销策略为销售决定型的，即企业会将消费者的消费金额按一定的比例或者将固定数额的货币捐赠给慈善机构。关系型善因营销持续时间长，会带来较低的社会价值和长期的企业价值，多采用的营销方式是联合解决问题型的，以维持或加强消费者与企业的关系为目标。社会型善因营销会带来较高的社会价值和短期的经济价值，采用这种营销模式的主体是社会企业，它将以营利企业的模式进行商业活动，所带来的经济效益用于公共事业，社会型善因营销以提高社会效益为目标。公益型善因营销持续时间较长，会带来较高的社会价值和长期的经济价值，出发点是解决社会问题。

第七节　个性化营销

一、个性化营销的定义

所谓个性化营销，最简单的理解就是量体裁衣。具体来说，就是企业面向消费者，直接服务于顾客，并按照顾客的特殊要求制作个性化产品的新型营销方式。它避开了中间环节，注重产品设计创新、服务管理、企业资源的整合经营效率，实现了市场的快速形成和裂变发展，是企业制胜的有力武器。特别是随着信息技术的发展，个性化营销的重要性日益凸显。

个性化营销即企业把对人的关注、人的个性释放及人的个性需求的满足推到空前中心的地位。企业与市场逐步建立一种新型关系，建立消费者个人数据库和信息档案，与消费者建立更为个人化的联系，及时地了解市场动向和顾客需求，向顾客提供一种个人化的销售和服务。顾客根据自己的需求提出商品性能要求，企业应尽可能按要求进行生产，迎合消费者的个别需求和品位，并应用信息，采用灵活战略适时地加以调整，以生产者与消费者之间的协调合作来提高竞争力，以多品种、中小批量混合生产取代过去的大批量生产。这有利于节省中间环节，降低销售成本。不仅如此，由于社会生产计划性增强，资源配置接近最优，商业出现"零库存"管理，企业的库存成本也节约了。

二、个性化营销对传统营销的挑战

个性化营销是随着现代信息技术和生产技术的革命而出现的一种新型营销战

略，这种战略思想继承和发展了传统的总成本领先战略和差异化战略的思想体系，认为竞争优势的来源已经不是成本最低或者与众不同，而是每一个产品都不同，营销者能够根据每一个消费者的特定需求为顾客提供个性化的产品从而满足市场需求。

个性化营销思想的出现，为传统的稳固的营销理论架构带来了挑战，营销思想和战略在面临新的经济和技术条件时急需改变。这种挑战主要体现在以下几个方面。

（一）对市场细分的挑战

传统营销理论建立在 STP 战略的基础上，其主要思想是通过市场的细分和优势选择进入合适的市场，并进行市场的差异化定位，确保企业的生存和发展。这种思想是建立在早些年的消费需求和技术条件的基础上的，消费者的个性化需求还没有那么明显，同时信息技术没有那么发达，消费者的个性化需求难以准确地衡量，只能通过统计技术描述某一个群体的需求共性。

随着消费者个性化需求的释放，企业发现建立在统计基础上的市场细分战略已经越来越难以满足消费者的需求。在个性化营销时代中，每一个消费者的需求都是与另外一个消费者不同的，而且个体的需求变化速度很快，不像群体的需求变化相对缓慢。以大数据和人工智能为代表的现代信息技术能够清楚地将这种不同描绘出来，导致目前企业面临的消费者需求既复杂又充满变化。

（二）对生产方式的挑战

在传统生产方式中，由于面对的消费者是一个相对稳定的群体，所以其产品的生产方式也是与之相适应的工业化流水线或者稍微灵活一点的柔性生产方式。这两种方式基本上是建立在通过批量的扩大发挥规模经济优势降低成本的目标基础上的。传统企业通过生产出一定差异化的产品，再建立一个定位合适的品牌形象，或者通过传播其文化价值观吸引一部分潜在客户群体来获得长期的竞争优势。

但是，随着个性化需求的出现，这种产品生产方式存在着很大的不适应性，消费者的需求既复杂又快速变化，传统的流水线生产方式已经难以适应经济发展的需要，尤其是新一代消费者的品牌观念薄弱，对品牌的忠诚度不高，能打动他们的往往不是品牌而是一瞬间的感觉。将来的发展同样对企业的消费场景塑造提出了较高的要求，生产企业和品牌运作企业的分离将是一个趋势。生产企业运用个性化制造系统生产产品，品牌运作企业负责营造消费场景。

（三）对渠道和信息沟通的挑战

在传统 4P 理论中，渠道和促销是分割开来的。在传统理论看来，这两个职能是不一样的，前者负责实物流后者负责信息流，但实际上将这两者分割开来的行为并不合理，很大程度上这两个职能都是通过渠道商来完成的。渠道商在促进商品分销和流通的过程中，也起到了信息传递的作用，在传统的物流技术和信息传播技术中，渠道商不仅将商品散播到每一个终端，同时也将营销信息传递给每一个消费者。

随着个性化营销的出现，渠道商在整个营销网络中的作用越来越弱，甚至不乏被取代的可能。首先，传统渠道商分销的是几乎同样的产品，在面对每一个消费者都不一样的个性化产品时就无能为力了；其次，现代物流技术的发展导致渠道商的重要性下降，生产企业甚至可以通过第三方物流直接将产品分发给消费者；最后，现代信息技术在生产企业和消费者之间架起了直接沟通的桥梁，消费者甚至可以直接向生产者定制产品而完全不须以渠道商为媒介。

三、个性化营销的实现途径

（一）从企业向客户的途径

从企业向客户的途径是指企业通过合理运用现代信息技术，通过先进的信息收集方式来收集消费者的消费和日常行为数据，并借助大数据和人工智能等技术，分析挖掘消费者的个性化需求进而满足消费者需求的模式。在这种模式中，要求企业有非常强大的数据收集和分析能力，能够追踪每一个客户的相关行为信息，客户在何时、何地、做了何事都在掌握之中，以此来推断客户的消费需求，通过客户白描方式建立消费者模型，从而开发与之相适应的营销模式。

比如说在零售业中，企业可以通过追踪目标客户的运动轨迹和规律，推断目标顾客群体的聚集区域，从而为零售门店的选址确定方位。在网络零售中，企业同样可以通过追踪消费者的购物历史以及购物车分析来预测消费者的需求，从而做出合理的产品推荐。甚至在此基础上，美国亚马逊公司获得了一项名为"预判发货"的专利，通过对用户行为数据的分析，预测顾客的购买行为，在顾客尚未下单之前提前发出包裹，从而最大限度地缩短物流时间。在保险行业，平安保险公司推出了一款名为"平安好车主"的 APP，客户登录后可以关联在该公司购买的保险，同时鼓励客户在开车时打开软件记录并上传行程来获取平安的积分。实际上，平安公司通过这种方法掌握了客户的出行规律，可以充分判断该客户的风险大小从而为客户量身定制不同的保险方案。这种途径目前主要的障碍来自两个方面，首先是技术的限制，不是所有的数据都能被收集到，也不是所有行业都能利用这种方式；其次是伦理问题，存在比较严重的个人隐私泄漏问题。

（二）从客户向企业的途径

从客户向企业的途径主要是客户定制模式，指的是由客户向企业主动传递需求信息，提出相关要求，企业根据客户要求设计、生产和提供产品，这种方法和从企业向客户的方法相反。在这种模式中，对企业的信息收集技术要求没有前者高，相对比较容易，企业需要建立相应的生产技术参数模型以及与消费者的沟通平台，消费者可以在平台上面进行自由的设计或者组合，企业根据消费者的订单组织生产，所以这种途径对企业的个性化制造能力要求相对较高。

这种途径按照在产品设计过程中消费者的自主性的大小可以分为两类：部分定制和完全定制。某个企业采用哪种方式取决于传统生产技术的特征，一般来说生产技术复杂、较大程度上依赖于规模经济的行业比较适合采用部分定制，比如说汽车行业。汽车生产企业可以设计出某个汽车型号的基本款型，并推出各种选装包或者不同的涂装设计供消费者选择，通过不同的模块组合满足汽车购买者的个性化需求。对于生产制造比较简单、单品价格不是太高的行业来说，比较适用完全定制方式，大部分的服务业也适合这种模式。比如说青岛红领集团建立了具有完全自主知识产权的个性化服装定制方案，还打造了"数字化大工业 3D 打印模式企业"，使用生产线来让每一位顾客都拥有只属于自己尺寸和个性的服装，真正实现了一对一个性化匹配。服务行业是比较容易实现完全定制化的，比如说教育培训企业就可以为客户提供一对一个性化服务。这种途径目前比较受制于规模问题，不管是个性化产品定制还是个性化的服务提供，规模都不可能太大，这可能会对企业的投入程度有所影响。

（三）从客户向客户的途径

从客户向客户的途径指的是企业进行商业模式的改革，不向客户直接提供产品，而是提供相应的技术和交易平台，消费者在平台上建立交易内容并相互交易，企业通过其他方式获取收益的营销模式。这种模式是目前为止最简单的个性化营销方式，不需要企业付出过多的资源，可以借用一部分消费者的能力来满足另一部分消费者的需求。这种途径比较适用于需要一定的专业技能和创造性的产品，带有一些设计性的概念在里面，比如说产品的设计、在线教育和休闲娱乐等行业都可以用。

另外一种模式则是网络众包模式,需求方将需要解决的问题悬赏公布在相应的网站上,第三方则提供相应的解决方案获得悬赏。这种模式能够充分利用众多消费者的能力,将产品的提供方从传统的企业扩展到所有可能的个人,促进了商业形态的发展,将会对整个社会的发展起到重大的推动作用。

参考文献

[1] 崔正，魏中龙. 服务市场营销管理理论研究 [M]. 北京：经济科学出版社，2012.

[2] 郑玉香，范秀成. 市场营销管理：理论与实践新发展 [M]. 北京：中国经济出版社，2014.

[3] 李文. 基于企业网络与市场知识管理的营销动态能力影响机制研究 [M]. 北京：经济科学出版社，2014.

[4] 杜丽岩. 现代企业网络市场营销研究 [M]. 北京：中国水利水电出版社，2015.

[5] 肖艺. 我国中小企业市场营销策略调整与创新研究 [M]. 北京：中国经济出版社，2016.

[6] 高见，孙霞霞，薛英. 经济多元化背景下企业市场营销理论及营销策略研究分析 [M]. 北京：中国商务出版社，2010.

[7] 印富贵，彭荷芳. 市场营销学原理与实训 [M]. 西安：西安电子科技大学出版社，2017.

[8] 张育洁，刘静茹. 经济全球化背景下市场营销管理的理论与应用 [M]. 长春：东北师范大学出版社，2018.

[9] 余雄，王祥. 市场营销学：理论及案例 [M]. 昆明：云南大学出版社，2018.

[10] 王若男，张敏. 市场营销与财务管理 [M]. 天津：天津科学技术出版社，2010.

[11] 李晓楠. 市场营销策划与品牌推广对企业发展的影响研究 [M]. 成都：电子科技大学出版社，2019.

[12] 王楠. "互联网+"战略下中国市场营销发展研究 [M]. 北京：中国原子能出版社，2020.

［13］周斯怡.消费心理视域下市场营销管理分析[J].农村经济与科技，2019，30（24）：181-182.

［14］高雯钰.企业技术创新过程强化市场营销管理分析[J].现代营销（信息版），2019（12）：136.

［15］江滨.现阶段中小型企业市场营销管理中出现的问题及对策[J].现代商业，2019（30）：4-5.

［16］李洋，万宁.消费心理透视与市场营销管理分析核心研究[J].科技创新导报，2019，16（27）：161-162.

［17］苏晶蕾，陈明.物联网驱动下的企业市场营销管理创新策略研究[J].现代营销（经营版），2020（12）：158-159.

［18］张允鸣.网络经济时代市场营销管理思考分析[J].内蒙古煤炭经济，2020（17）：115-116.

［19］钟肖徽.企业市场营销管理策略创新的有效性探究[J].中小企业管理与科技（上旬刊），2020（9）：52-53.

［20］康玲.探寻网络经济时代市场营销管理的机遇和挑战[J].营销界，2020（30）：3-4.

［21］陆娟丽.企业管理中的市场营销管理研究[J].现代商业，2020（16）：9-10.

［22］王尧艺.企业市场营销管理创新路径探究[J].现代盐化工，2020，47（1）：92-93.

［23］杨梦露.市场营销管理中价值竞争策略的优化对策[J].现代营销（信息版），2020（1）：133.